KB259829

배부른 펀드 재테크

투자자가 꼭 알아야 할

배부른 펀드 재테크

펀드판매연구소 **조충현**

중앙경제평론사

바야흐로 저축의 시대는 지나고 투자의 시대로 세상은 바뀌었다. 열심히 일하고 차곡차곡 쌓기만 하면 잘 살던 시절이 저축의 시대였다면 지금은 어떤 형태로든 '금리+물가상승분'을 초과하는 수익을 얻지 않으면 안 되는 투자의 시대이다.

시대흐름을 쫓아 이런저런 투자를 하는 것은 누구나 할 수 있다. 그러나 남보다 좀더 나은 성과를 얻는 건 쉽지 않다. 부단한 연구와 노력 그리고 적당한 운(運)이 따라야 한다.

반면 재테크, 그 머리 아픈 숫자 놀음을 왜 하려 하는가. 나는 싫다. 그동안 나는 그런 것 없이 잘 살아 왔고, 앞으로도 그럴 것이라고 말한다면 더 이상할 얘기는 없다.

세계 최고의 부자 빌 게이츠는 일찍이 "세상은 빛의 속도로 변하고 있다"고 말했다. 세상은 빠르고 우리가 그간 금과옥조처럼 여기던 많은 것들이 새로운 형식과 사조(思潮) 앞에 그 자리를 내주고 있다. 적응하지 못하면 도태되는 시대흐름에서 '유연한 사고'야말로 현대를 살아가는 지혜이다.

변화의 속도만큼 새롭게 선보이는 편리한 도구들에 의해 인류는 그 어느 때보다 풍요롭고 안락한 시대에 살고 있다. 그런데 문제는 편리한 생활과 고통 없는 육신을 위해서 많은 돈이 필요하다는 점이다. 돈이 인생의 전부는 아니지만, 현대의 편리함을 온전히 누리는 데 없어서는 안 되는 것이다. 그런데 그 돈을 벌기가 그 어느 때보다 힘든 게 문제이다. 세상이 투명해져 어디에도 만만한 구석이 없다. 이 점이 재테크를 함에 있어 철저한 준비와 전략이 필요한 이유다.

한국도 선진형 경제시스템으로 변하면서 시장은 포화에 이르렀고 안정적인 일자리는 갈수록 줄어들고 있다. '차라리 그라운드를 바꿔볼까?' '어떻게 해야 잘 사는 것이지?' '과연 재테크에 관심을 갖는 것은 선택인가, 필수인가?' '이왕 재테크를 할 바에야 즐기면서 잘하고 싶은데 무엇으로 어떻게 시작할까?' 이런 궁극적인 질문을 현대인은 쉴새없이 자신에게 던진다. 펀드는 이런 현대인에게 인생의 목표를 이뤄나가는 도구가 되도록 만들어진 재테크 명품이다.

펀드를 이용한 재테크 흐름은 잠시 생겼다 없어지는 유행 같은 것이 아닌 전 세계적인 추세이고, 미국적 자본주의가 세계의 엔진으로 자임하는 그날까지 더욱 발전할 것이다. 특히 한국은 미국적 자본주의의 추종

국이고, 한미 FTA 체결 등 세계를 향한 문호개방이 예정되어 있어서 더 더욱 펀드시장은 확대 발전해나갈 것이다.

국내 최초 뮤추얼 펀드인 박현주펀드 1호(1998년 12월)는 출시되자마자 폭발적 인기를 모으며 한국에 펀드시대가 열렸음을 알렸다. 그러나 2000년 IT 버블 붕괴와 함께 큰 손실을 내며 폐쇄형 펀드의 문제를 절실하게 느끼게 해주었다. 이후 시장은 개방형 펀드인 미래에셋인디펜던스(2001년 2월)로 방향을 틀었고, 오늘날 펀드는 발전을 거듭해서 우리 자본시장의 중요한 한 축으로 자리매김하고 있다.

3~4년 전부터 새롭게 소개된 적립식 펀드는 저금리시대에 재산을 증식시킬 좋은 수단으로 인식되면서 이제 재테크의 출발을 적립식 펀드로 삼는 사람들이 급증하고 있다.

그런데 아직도 안타까운 것은 펀드는 엄연히 투자상품임에도 충분한 연구와 검토 없이 투자하는 경우가 많다는 점이다. 모든 기성복이 자기 몸에 다 잘 맞지 않듯이 본인의 투자목적, 투자기간, 기대수익률, 위험 감내 여부 등을 고려해서 자신과 궁합이 맞는 펀드 포트폴리오를 구성해야 한다.

필자가 보기에 어떤 펀드 상품이든 모두 각자 개성과 장단점을 갖고 있다. 따라서 어떤 게 좋고 나쁘다고 획일적으로 나누기 어렵다. 어떤 펀드든 펀드를 설계하는 설계자 입장에서는 최선을 다해 만든 결과물이며, 각자 만든 의도와 운용 철학 그리고 목표가 있다. 성과는 시장에서 나타나는 것이고 선택은 투자자의 몫이다. 좋은 펀드는 수익률이 높은 펀드라기보다는 자기에게 맞는 펀드가 아닐까. 결국 자신의 궁합에 맞는 펀드는 자신의 형편과 투자목적에 부합하는 펀드라고 할 수 있다.

'나노'란 물질을 이루는 염색체의 한 단위를 말한다. 그 크기를 알기 쉽게 얘기하면 한 단위의 나노가 축구공만 하다면 인간은 지구 정도의 크기이다. 그러나 그 작은 나노 한 단위는 그 물질의 시작이 되고 어떤 형질을 갖느냐 하는 성격을 규정하는 단초이다. 펀드를 여기에 비교하자면, 펀드라는 개념은 넓고도 깊다. 이 한 권의 책으로 설명하려는 펀드 내용은 한 단위의 '나노'에 불과하다.

'시작이 반'이라 하듯 무엇이든 처음 시작할 때가 가장 중요하다. 배움의 입문과정에서는 첫 단추를 어떻게 끼웠는가 하는 점이 이후 성장과정에 지대한 영향을 미친다. 이 책이 좋은 출발점이 되었으면 좋겠다. 필자는 이 책에서 크게 욕심을 내지 않고 그간의 펀드판매 현장과 카페 운영 경험에서 느꼈던 꼭 필요한 부분, 놓쳐서는 안 되는 부분과 하찮아 보이지만 투자자에겐 소중한 부분을 상품 사례를 곁들여 쉽고 간결하게 설명했다. 무겁고 장황한 설명들은 내용을 이해하는 데 오히려 방해된다는 점을 익히 알고 있기 때문이다. 우선 개념을 잘 익혀서 첫 단추를 잘 끼우고 그걸 기반으로 관련 정보를 배워나간다면 차차 투자지식의 심도도 깊어질 것이다. 투자자들의 성향에 맞춰 본문 안에 정보 접근의 여러 길을 열어 두었으니 참고하기 바란다.

이 땅에 일찍부터 재테크 교육이 체계적으로 이루어졌더라면 수많은 '묻지마 직접투자자' 들은 적었을 텐데 하는 생각을 한다. 그러나 그들의 아픈 경험과 교훈이 결국 투자자들을 깨우치게 했고, 오늘날과 같은 펀드 붐을 만드는 원동력이 됐는지도 모르겠다.

오늘 필자는 잠시 눈을 감고 그간 가까이 지내다 알게 모르게 주식시장을 떠난 정다운 친구들, 그리고 선후배를 생각해본다. 그 동안의 주식시장의 부침(浮沈)만큼이나 각자의 가는 길도 달랐다. 어쨌든 부족하고 무던한 나는 남았다. 남아 있는 자로서 이곳에서 내가 할 과제가 있다면, 올바른 투자문화 보급을 위해 최선을 다하는 것이라고 생각한다.

끝으로 그간 돈과 시간을 써가며 '투자한다', '공부한다' 며 수고로움만을 잔뜩 안겨준 필자를 이해하고 또 이해해준 가족들에게 이 공간을 빌어 정말 고맙다는 말을 전하고 싶다.

펀드판매연구소 조충현

2장 펀드투자자가 꼭 알아야 할 펀드지식

3장 실전 펀드투자 길라잡이

6장 펀드의 위험지표와 평가

부록

1장

투자 마인드 길러주는 펀드이야기

펀드는 강하다

미국을 일컬어 '오만한 제국'이라 말한다. 정말 오만하다. 그런데 참 경이롭고 강한 나라이다. 그 미국이 꽃피우고 있는 자본주의 걸작품이 펀드가 아닌가 한다. 보면 볼수록 미국이란 나라와 펀드는 닮아 보인다.

강한 건 더욱 강하게, 약한 건 흡수되거나 없어지거나 둘 중 하나로 만드는 것이 강한 것들의 속성이다. 펀드는 강하고 그 중 더 강한 펀드는 주변에 약한 것들을 굴복시켜 자기 안으로 흡수해 버린다. 언제인가 황소개구리가 들어와서 우리 생태계의 포식자로 굴림하던 때가 있었다. 가만 보면 황소개구리 하고도 닮았다.

오래 살아남는 펀드는 대략 어느 정도의 운영자금을 갖고 있을까?

최소 500억~5,000억 원 정도의 운영자금을 가지고 운용한다고 한다. 얌전히 묻혀 있는 돈이 아닌 살아 움직이는 막대한 돈의 힘은 상상 이상이다.

이 괴물 같은 펀드는 마음만 먹으면 이자 한푼 안 들이고 얼마든지 몸집을 불리기도 하고, 공포의 포식자가 되어 값나가는 부동산, 선박, 원유, 광물을 사기도 하고, 죽어가는 회사를 인수해 살려서 돈을 벌기도 하고, 살아 있는 회사를 죽여서 돈을 벌기도 한다. 펀드의 귀재 조지 소로스가 몇 해 전 대국인 영국, 러시아도 경제적으로 죽였다가 살려 놓은 걸 기억할 것이다.

펀드를 움직이는 펀드매니저는 또 어떤가? 고대 로마 원형경기장에 검투사와 같다. 오랜 기간 훈련과 검증을 거쳐 만들어 놓은 현대판 검투사들인 그들에게 보통 평범한 투자자는 어떤 존재일까. 때론 뭣모르고 힘을 겨루자고 하는 사람도 더러 있기는 하지만 결과는 불을 보듯 뻔하다. 그쯤 되니 그 결과물에 대한 보상으로 작년에 미국 어느 펀드매니저는 연봉으로 400억 원을 받았다고 한다.

저금리 상황이어서, 고령사회가 다가와서 등등 이런 구구절절한 설명을 하며 펀드의 필요성을 새삼 얘기하는 것도 이제는 구차하다.

현재 우리 사회 모습은 전체적으로 미국에 대략 20년 정도 뒤처져 따라가고, 이 중 경제시스템은 10년 정도 뒤처져 있다고 한다. 그렇게 보면 현재 우리의 모습이 미국의 1980년대 후반쯤 되지 않을까.

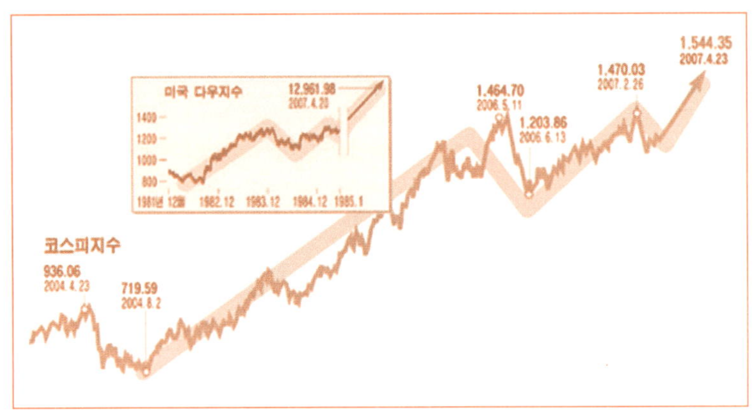

| 자료 : 키움증권 |

그때가 미국 다우지수가 막 1,000P에서 10,000P로 '0' 하나가 더 붙으려고 발돋음하는 시기다. 미국과 한국을 시기적으로 구분하여 짜맞추는 것 같은 조금 억지스러운 비약을 인정하더라도 지나온 과거를 돌아보면 어찌 되었든 엇비슷하게 진행되어 온 게 사실이다.

펀드는 세계경제를 지배하는 미국적 자본주의의 핵심 수단이다. 거부할 수 없는 것이라면 가까이 하고 즐기는 것이 현명한 선택이 아닐까.

한국경제는 저축의 시대에서 투자의 시대로 막 전환하려 하고 있다. 펀드는 다른 재테크 수단에 비해 정보에 민감하고 연구가 필요한 분야다.

펀드를 되도록 친구처럼 가까이 둠으로써 자연스럽게 개념을 이해하고 차차 좋은 펀드, 좋은 펀드매니저를 선택하는 안목이 길러질 것이다. 펀드를 친구로 만들자!

존 템플턴 경의 10가지 성공 투자격언

제1격언 **저평가된 종목을 매수하라** (Hunt for Value and Bargains)

시장의 움직임이나 전망 자료보다 내재가치에 중점을 두어 투자하라. 가치있는 종목을 보다 싸게 살 수 있는 유일한 비결은 모두가 팔려고 할 때 사는 것이다.

제2격언 **대중을 따르지 말라** (Never Follow the Crowd)

남들과 다르게 투자해야만 더 나은 성과를 얻을 수 있다. 모두가 팔 때 사고, 살 때 팔려면 용기와 인내가 요구되지만 이를 통해 더 높은 수익을 올릴 수 있다.

제3격언 **인기를 피해 투자하라** (Avoid the Popular)

너무 많은 투자자들이 한 가지 투자방식을 선택하면 그 방식은 제대로 효과를 발휘하지 못할 뿐만 아니라 자칫 투자를 실패로 이끌 수 있다.

제4격언 **비관론이 팽배해 있을 때 투자하라** (Buy During Times of Pessimism)

비관론이 최고조에 달했을 때가 바로 주식매수의 적기이며, 반대로 낙관론이 최고조에 이르렀을 때가 주식매도의 적기이다.

제5격언 **항상 마음을 열어두라** (Keep an Open Mind)

특정 종목이나 투자방식만 고집해서는 안 된다. 항상 유연하면서도 회의적인 마음자세를 유지하라. 오늘의 인기종목이 내일의 비인기종목이 될 수도 있다.

제6격언 **모든 것은 변한다** (Everything Changes)

강세장과 약세장은 일시적이기 마련이다. 특정 종목이 투자자들에게 인기가 높다 해도 인기를 쫓아 투자하다 손해를 보게 되면 이를 만회하는데 몇 년이 걸릴 수도 있다.

제7격언 **실제 수익률을 따져보고 투자하라** (Invest for Real Returns)

현명한 투자자라면 향후 물가상승률과 세금을 감안한 실질적인 수익률을 따져보고 투자해야 한다.

제8격언 **전 세계를 대상으로 투자하라** (Search Worldwide)

특정 종목이나 특정 지역에 집중투자하기보다는 여러 종목과 여러 지역에 분산 투자해야 저평가된 종목 발굴의 기회는 많아지고 투자에 따르는 위험은 줄어들게 된다.

제9격언 **실패를 통해 배워라** (Learn from Your Mistake)

실수를 피하기 위해 투자 자체를 하지 않는다면, 그것이야말로 가장 큰 실수이다. 중요한 것은 실수를 통해 배우고 같은 실수를 반복하지 않는 것이다.

제10격언 **모든 것을 다 아는 사람은 없다** (No-one knows Everything)

투자에 관한 모든 질문에 대한 해답을 알고 있는 투자자가 있다면, 그는 그 질문조차 이해하지 못하는 투자자이다.

펀드종목 선정에 대해

인터넷에서 펀드 관련 카페를 운영하다 보니 '어떤 펀드가 좋으냐' '펀드 하나 콕 찍어 달라' 등의 질문을 해오는 분들이 참 많다. 필자는 각자의 이해관계가 얽혀 있어서 공개된 자리에서 특정 회사, 특정 상품에 대한 개인적인 생각을 말씀드리기가 곤란하다고 완곡하게 답변드리곤 한다.

그런데 실제로 내가 즉답을 피하는 이유는, 주식은 개별회사와 종목 흐름을 분석해서 추천종목을 선정할 수 있으나, 펀드는 넓이나 깊이가 그리 간단치 않다는 점도 크다.

태생적으로 펀드는 구조나 성격이 주식과는 근본적으로 다른데도 주가와 연계된 상품(주식형 펀드)의 비중이 높다 보니 흔히 주식과 혼동하여 그렇게 생각하는 것 같다. 펀드에 투자할 때는 주식과 달리 큰 틀에서 접근해야 한다. 우선 각자 본인의 상황에 맞는 자산관리 계획을 먼저 세우는 게 가장 중요하다.

그 다음에 그간 자기가 연구한 지식이나 정보를 통해 자신의 스타일에 맞는 펀드 유형을 고른다. 그리고 전문적인 지식을 갖고 있는 사람이나 기관으로부터 해당 펀드유형의 객관적 수익률, 변동성 등을 찾고 물어서 자문을 받는다. 그런 다음 선택한 유형 내에서 본인에게 맞는 펀드상품을 고른다.

선택한 펀드는 가입 전에 판매사에 비치한 투자설명서를 꼼꼼하게 읽어보고 조금이라도 수수료가 저렴하고, 각종 세금혜택 여부 등을 살핀 후 가입해야 한다.

모두에게 맞는 기성복이 없듯이 누구에게나 다 맞는 펀드는 없다. 개인마다 자금의 성격이 다르고 규모가 틀리다. 또한 투자 목적이나 성향이 틀리면 감내할 수 있는 위험의 정도도 다를 수밖에 없다. 원금을 까먹을까봐 마음 졸이며 밤잠을 설친다면 애초에 펀드선택을 잘못한 것이다. 한마디로 자기와 궁합이 잘 안 맞는 펀드를 선정했다고 할 수 있다.

노심초사하게 하는 펀드는 재테크를 위한 수단이 아니고, 즐거움보다는 고통만을 줄 뿐이다. 어떤 펀드를 선택해야 하나 고민하기 이전에 자기투자 성향을 분석하고, 미래에 진행될 경기 등을 먼저 연구하는 노력이 선행된다면 즐거운 재테크에 한 발 더 가까이 다가가는 선택이라 할 만하다. 그런데 아직 우리나라는 펀드가 소개된 역사도 짧고 금융투자를 통한 재테크 개념과 시스템이 열악하다 보니 투자자들 역시 한탕주의 투기적 투자에 익숙해져 있다.

현실적으로 큰 자산가들에게 열려 있는 수준 높은 금융서비스는 일반 개인에게는 '그림의 떡'에 불과하다. 실제로 개인투자자들이 신뢰하고 차분하게 조언을 구할 공간은 찾기 쉽지 않다. 그나마 펀드를 권유하는 판매회사가 그 역할을 담당해야 하는데 실상 그들이 펀드 상품을 소개할 때 고객의 투자성향과 입장을 얼마나 알고 권하는가는 의문이다.

그냥 회사에서 판매하는 상품이라서 파는 경우도 흔하다. 판매자가 성의가 없다기보다는 판매구조적인 시스템이 그렇게 되어 있다는 점을 우선 지적하고 싶다. 시스템 미비를 탓해야지 그들만을 나무랄 것만도 아니다.

소비자 입장에서 펀드수수료가 비싸다고 하나, 해당 상품마다 투자금에 일정한 비율을 곱하는 수수료 체계(정률법)로 되어 있다. 판매자 입장에서는 같은 수고를 하고 기왕이면 많은 수수료를 챙길 수 있는 고액투자자에게 서비스를 잘해줄 수밖에 없다. 그런데 문제는 크든 작든 모든 불완전판매의 요인이 금전적인 손실이 되어 투자자의 몫으로 귀결된다는 것이다.

펀드에 가입한 후에는 장롱에만 넣어두지 말고 3개월, 적어도 6개월에 한 번쯤은 펀드를 체크해야 한다. 계속 수익률이 안 좋은 펀드라면 그게 펀드의 문제인지 시장의 문제인지 등을 따져봐야 한다. 펀드 투자자는 주식처럼 매일매일은 아니라 하더라도 주기적으로 경제 흐름에 안테나를 세우고 내 펀드와 연관된 자료나 정보에 관심을 가져야 한다.

이제 우리나라도 국민소득 3만 달러 시대를 앞두고 있다. 안정되지만 저성장의 경제, 낮은 금리에 기인한 투자의 시대가 되다 보면 한 번에 대박 나는 투자는 더욱 찾아보기 힘들어질 것이다.

편하게 재테크를 하겠다고 펀드투자를 하는데 그렇게까지 생각을 많이 해야 하냐고 반문할지도 모르나 어차피 펀드도 '은행이자 + α'에서 'α의 극대화'를 노리는 투자상품이다. 투자는 시세에 대한 자기 확신이 필요하다. 그래야 잔물결에 흔들리는 않는 소신 있는 투자를 할 수 있다. 여기서 소신은 '자기 확신'인데 자기 확신은 연구와 노력 없이 그냥 얻어지는 것은 아니다.

자동차를 고르듯
펀드를 선택하라

우리나라가 경제를 막 일으키던 시절, 명절에 자가용 한 대 몰고 고향에 가면 동네사람들이 구경 와서 그것을 출세의 훈장으로 알아준 적이 있었다. 지난 시절 얘기를 다시 보여주는 TV 프로에서 어떤 사람이 렌터카회사에서 고급자동차를 빌려 타고 고향에 갔는데, 렌터카 차량번호판을 구별할 줄 아는 이웃이 있어 들통 났다는 신문기사 내용을 다시 보여주는 줄거리인데 이를 보면서 웃으면서도 조금 씁쓸한 마음이 들었다.

요즘은 이미 차가 필수품이 되어버려 직장에 취직하면 차부터 사는 젊은이도 많고, 학생 때부터 이미 고급차를 소유한 사람도 많다고 한다. 차량 소유에 대한 각자 생각이 다르고 취향이 다르니 그 얘기는 여기서 일단 접고, 자동차 구입과 펀드가입을 연관지어 얘기해 보려 한다.

얼마간의 돈이 생기면 '무엇을 살까?' 현대인들은 사고 싶은 게 많은 만큼 궁리도 참 많다. 그래도 궁리 가운데 제일 높은 궁리는 자동차가 아닐까. 차를 고르는 과정을 보면 배기량, 내부사양, 브랜드, 세금, 애프터서비스망, 회사브랜드 심지어 몇 년 타고 난 후의 중고차 가격까지 살피고 또 살핀다.

어떤 사람은 각 자동차 회사매장을 다 돌아다니면서 안내책자를 얻어다 방에 좍 펼치고 비교하면서 연구한다. 마치 진학할 대학을 찾는 수험생이나 전술을 짜는 군인 같다고 할까. 아무튼 비교분석을 철저히 한다.

그런데 금액 면에서 그에 못지않은 펀드상품을 선택할 때는 왜 그만큼 꼼꼼히 챙기는 사람이 많지 않을까? 이런저런 자리에서 내가 펀드에 대해 얘기하면 나에게 대뜸 "어떤 상품이 좋습니까?" 하고 물어오는 사람들이 있다. 그럼 나는 속으로, "내가 골라주면 나만 믿고 사실 겁니까?" 이렇게 물어보고 싶어진다. 기성품 자동차도 각자에게 호불호(好不好)가 있는데, 본인의 환경이나 투자목적은 하나도 얘기하지 않고, 뭐가 좋으냐고 물어보면 날더러 어쩌란 말인가.

마음을 정리하고 내가 물어본다. "찾는 유형이 어떤 거지요?" 그럼 대답한다. "대박날 거요" 글쎄 펀드에 그런 상품이 있을까. 펀드가

도입 초기이다 보니 간혹 그런 상품이 화제 기사가 되어 신문에 오르긴 하지만 수많은 펀드 가운데 그것을 찾기란 쉬운 게 아니다.

일정 부분 안정성을 담보로 하는 펀드에 그런 대박상품이 있다면 누가 투자하면서 고민을 하겠는가. 이런 것들은 펀드를 주식의 속성과 동일시 생각하는 투자자들의 오해에서 비롯된다.

실제 일반인들이 흔히 투자지침으로 삼는 신문 등에서조차 '이번 주 수익률 상위'니, '고수익률 펀드'니 등등 경쟁하듯 펀드비교를 나열하다 보니, 그간 주식에 익숙한 사람들로선 '펀드도 그런 거겠지' 하고 혼동하는 것도 무리는 아니다.

투자상품의 개념조차 모르고 남의 말에 의존해서 투자하는 것은 소신 없는 엇박자 투자의 원인이며, 결국 성과 없는 투자자로 가는 지름길이다.

펀드상품을 고를 때도 자동차를 고를 때의 신중함이 필요하다. 또한 자동차의 기본을 연구하듯 펀드의 개념을 이해하는 노력을 기울인다면 좀더 가치 있고 본인에게 잘 맞는 펀드를 선택할 수 있는 것이다.

투자정보는 늘 우리 근처에 있다

우리 국민들은 7~8년 전 그동안 듣지도 보지도 못했던 IMF라는 기관 이름을 듣게 됐고, 이후 우리 경제를 거기에 맡기고 의탁해서 지낸 적이 있다.

국가가 경제운용 능력이 없으면 이렇게 되는 거구나 하고 뼈저리게 느끼는 기회였다. 그걸 기반으로 한국경제가 많이 건강해지기도 했는데 어떤 면에선 좋은 약이 되었는지도 모르겠다.

모두가 허리띠를 졸라매던 IMF 관리 시절 드물게 매출이 줄지 않았던 상품이 있었다. 여자들이 매일 사용하는 화장품이다. 그때 눈썰미가 있고 미래를 낙관적으로 본 일부 투자자들이 화장품업체 중에 대표라 할 수 있는 태평양의 주식을 주장 1만 원 안팎에서 사 모았다.

이후 어떻게 됐을까. 5~6년 뒤에 무려 25배나 되는 258,000원으로 주가가 치솟았다.

따로 기업을 분석한 것도 아니고, 누가 정보를 흘려준 것도 아니지만 주변에서 늘 보던 상품을 눈썰미 있게 보고 그것을 경제흐름과 재테크에 연결시킨 것이다. 자기 주변에서 손쉽게 얻은 아이디어가 큰 수익을 안겨준 성공 케이스이다.

그러나 생활 속 아이디어가 모두 성공적인 결과를 얻어준다고는 할 수 없다. 투자의 성공 확률을 높이기 위해서는 기회 포착도 중요하지만, 아이디어를 검증해보는 절차도 필요하다.

이것이 나만 그렇게 생각하는지, 다른 사람도 그렇게 생각하는지, 과연 여러 사람이 공감할 수 있는 내용인지 따져 봐야 한다. 스스로 그 상품의 고객 입장에서 생각도 해보고, 기업주의 입장도 되어보고, 또한 그 상품을 만드는 기업의 평판은 어떤지도 살펴봐야 한다.

이처럼 요모조모 살펴보고 기업가치가 저평가 되어 있으며 향후 시장에서 정당한 평가를 받으리라는 판단이 서는 순간, 해당 주식이나 펀드에 과감하게 투자해보는 것이 좋은 투자방법이다.

안 사면 본전

투자에도 일정한 리듬이 있다. 항상 좋기만 하거나 나쁘기만 하는 경우는 드물다.

하루가 멀다 하고 수익률이 올라갈 때도 있는 반면에, 청심환을 먹어야 잠이 들 정도로 심각한 시장 혼란에 빠질 때도 있다. 똑똑한 투자자는 적기에 투자규모를 늘려 수익을 극대화하는 것 못지않게 투자를 멈추고 현금을 보유하는 지혜도 있어야 한다. 적기에 현금으로 전환해두고 '안 사면 본전' 이라는 매수전략도 훌륭한 투자전략이라 하겠다.

투자 경험이 적은 분들은 '현금도 투자' 라는 투자전략을 지키지 못하고 주머니가 간질거려 자기가 가진 구좌에 100%를 꼭꼭 채워야성이 풀린다. 게다가 이것도 부족해서 빌려서 채우는 경우도 있다.

추세는 시장에게 물어봐야 한다는 말이 있다. 투자는 확률 싸움이고 심리전이다. 갈 때 간다고 하는 '확률 높은 투자'와 '심리의 안정' 이야말로 투자성과와 직결된다.

주변에서, 매스컴에서 아무리 사라고 유혹해도 확신이 서기 전까지 '안 사면 본전' 이라는 '모르쇠 전략' 이 우직해 보이지만 좋은 투자 전략이다.

자유적립식

정액적립식과 상대되는 투자방식이다. 적립식으로 펀드에 투자하는 방법으로서, 투자기간만 정하고 투자금액과 납입횟수의 제한없이 적립하는 방식을 말한다. 투자자들은 본인이 원하는 날짜에 원하는 금액으로 자유롭게 적립식으로 투자한다. 주식펀드와 채권펀드는 투자자들이 원하는 방식으로 자유롭게 적립식으로 투자할 수 있으므로 별도의 계약은 필요하지 않다

신문기사와 '엇박자' 투자

요즘은 HTS 매매가 대부분이다 보니 분위기가 다르지만, 예전엔 주식객장을 둘러보면 고민 끝에 어떤 주식을 샀는데 사면 떨어지고, 안 되겠다 싶어 팔면 오른다며 분통 터져 하는 사람들이 많았다. '매도 후의 상승' 그것은 가만히 있어서 손해 보는 것보다 열 배의 상실감으로 투자자를 허탈하게 한다. 그 상실감은 실제로 투자하면서 느껴보지 않고는 정말 모른다.

필자가 아는 어떤 투자자는 겉으로 보기에는 평범했는데 주식으로 꽤 괜찮은 수익을 올리고 있었다. 언젠가 궁금해서 그분에게 물어보니 일체 신문은 보지 않고 기본적 분석에만 입각해서 투자한다고 했다. 그게 그분의 성공투자 비결이란다.

현명한 투자자는 모든 신문의 1면 머리기사가 '주가폭등'으로 장식될 때 보유주식의 처분을 생각한다.

반대로 '주가폭락'이란 제목으로 기사가 나오면 서서히 매수를 위한 시점 선택에 나선다. '장모가 주식종목에 관심을 가지면 천장이요, 주식 때문에 누가 죽었다고 하더라 하는 얘기가 많아지면 바닥'이란 우스개 얘기가 주식시장에는 있다. 말의 수사(修辭)일 따름이지 시장심리를 나타내는 데는 또 이만한 비유도 없을 듯싶다.

그럼 투자자에게 신문을 비롯한 정보매체는 어떤 의미일까?

신문은 어떤 사안을 확대 재생산하는 속성을 가지고 있다. 즉 화려한 말을 생산하는 공장이다. 그러다 보니 사안이 실제보다 부풀려져서 우리 눈앞에 기사로 보여지는 게 보통이다. 한술 더 떠 자극적인 문구로 기사제목을 쓰기라도 하면 독자의 눈은 번쩍 떠지고 그만큼 파급은 더욱 커진다. 당연히 신문은 잘 팔린다.

신문은 광고를 실어야 먹고 사는 기업이다. 그래서 광고주인 기업을 무시할 수 없고 열렬하게 때로는 묵시적인 기업의 대변자가 되기도 한다. 정보생산을 하는 신문을 바라보는 독자는 자기가 주인인 줄 알고 있다가 뒤늦게 남의 장단에 춤을 추었다는 걸 알면 몹시 불쾌하다.

일반투자자들은 대부분의 투자정보를 신문 등 매스컴을 통해서 얻는데, 우리는 이런 매스컴을 어떤 관점에서 봐야 할까. 분위기 잘 타고, 성격 급하며, 시류에 민감한 사람들이 매스컴에 휘둘려 '엇박자 투자'를 하기 제일 쉬운 유형이다.

요즘 펀드시장을 보면 어느 펀드유형은 금값이고, 어느 펀드유형은 똥값이다. 너도 나도 이전 수익률만 보고 인기펀드로 달려들다 보니 해당 운용사가 돈을 쌓아두고 운용할 대상을 더 이상 못 찾는 경우도 발생한다.

그럼 시류에 거꾸로 가는 것이 투자원칙일까. 투자는 등락의 흐름이 있어서 혼자 독불장군처럼 굴어도 안 된다. 이것도 아니고 저것도 아니라면 무엇이 투자원칙일까.

자본시장은 살아 있는 생물과 같다. 따라서 시장 흐름에 따라 유연한 투자 대응이 답이 아닌가 한다. 다만 치열한 시장에서 실전에 임할 때는 반 박자만 늦고, 반 박자만 빠르게 한다는 마음으로 투자하는 것이 운영의 묘(妙)를 살린 1급 투자법이라 할 수 있다.

땅부자 할아버지가
돌아가신 사연

최근 한 일간지에 평가재산 규모가 30억이나 되는 할아버지가 돈이 없어 적절한 병원치료를 못 받고 돌아가셨다는 황당한 기사가 실렸다.

사연은 이렇다. 일찍이 할아버지는 농부의 아들로 태어나 "땅은 속이지 않는다"는 선친의 말씀에 따라 돈이 생길 때마다 남김없이 인근 땅을 사서 농토를 늘리셨다고 한다. 그런데 충청 일대 지역이 행정도시 호재를 만나 땅값이 뛰더니 평가재산이 30억이 넘는 부자 할아버지가 되는 행운을 얻으셨다.

그런데 할아버지의 행운은 거기까지였다. 최근 땅은 많은데 금융자산이 없어 생활비에 고통을 받는 실버세대가 그렇듯이 이 할아버지

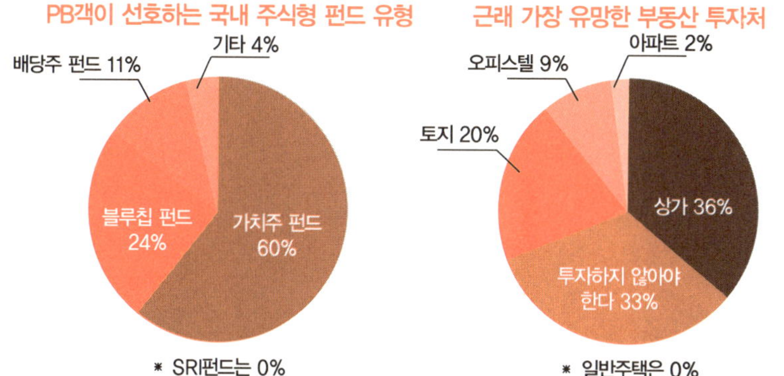

역시 땅은 많지만 농사자금으로 대출을 받아 대출한도는 더 이상 여유가 없는 형편에 설상가상 노인성 질환을 앓게 되셨다. 치료를 받으려 해도 손에 쥔 돈이 없으니 속수무책이었다. 말 그대로 부동산이 움직이지 않는 부동산(不動産)이 되어 할아버지는 부자지만 병원비는 고사하고 생활비마저 막막한 비극의 주인공이 되고만 것이다.

분산개념은 펀드투자 비율에만 있는 것이 아니고 자기자산을 합리적으로 나누어 놓는데도 있다.

일반적으로 부동산 40%, 투자자산 30%, 현금성 자산 30%가 투자 선진국 투자자들의 자산분배 모범비율이다. 일반 생활에서도 7:3의 비율이 황금률이듯이, 뭐든 한 가지에만 올인하거나 너무 매달리지 말고 유연성을 갖출 필요가 있다.

투자에서 '무조건이다', '불패다' 이런 치우친 단어를 사용하며 경험칙과 자기 직관만을 믿을 게 아니라 시대 흐름에 맞게 적응하는 것이 성공의 지름길임을 명심해야 한다.

결론지어 말하면 전체 자산에서 유동화(현금성) 자산비율을 늘려 놓는 건 노후를 준비하는 실버세대에겐 특히 놓치지 말아야 할 부분이 아닌가 한다.

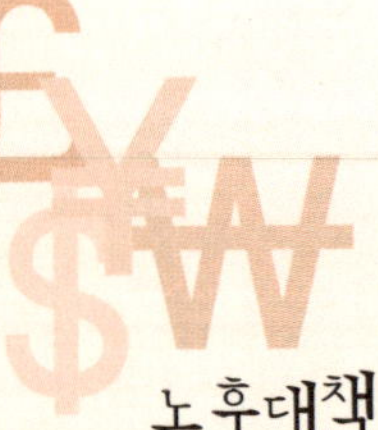

노후대책 적립식 펀드로

과거처럼 노후를 자녀에게 의지하는 시대가 가고, 자신의 노후를 스스로 책임져야 하는 시대가 되었다. 이제 누구나 젊을 때부터 각종 개인연금 등으로 노후대책을 마련해야 한다. 미국의 경우 펀드 운용자금의 50% 이상이 개인연금에서 가입한 적립식 펀드로 투자한 자금이라고 한다. 다양한 금융자산 중에서도 안정성과 수익성이라는 두 마리 토끼를 동시에 잡을 수 있는 투자상품인 적립식 펀드(연금형)로 노후대책을 세우는 것도 적극 고려해 볼 사항이다.

길목 지키기 투자

초보투자자들은 주가가 오르면 올라서 걱정, 떨어지면 떨어진 대로 걱정, 하루도 맘 편할 날이 없다. 필자가 아는 어떤 주식투자자는 부적처럼 붉은색 계통 옷만 입고, 심지어 가족들에게도 붉은색 계통 옷만 입기를 강요한다고 한다. 주식에서 하락을 의미하는 푸른색 계통은 재수가 없다는 것이 이유다.

이런 얘기를 들으면 성공투자를 비는 투자자들의 불안한 맘이 어느 정도인지 느껴져서 겉으론 웃지만 속으로 안쓰러운 생각이 든다.

그런 면에서 마음 편한 투자방법이 하나 있다. '길목 지키기 투자법' 이다. 미리 어느 분야가 좋겠다는 전망이 되면, 지나가는 길목쯤에다 투자해 놓고 추이를 지켜보는 것이다. 남들이 아직 달려들지 않아서 비싸지 않으니 하락의 위험도 적고, 예상대로 좋은 흐름으로 가면 남보다 많은 수익을 얻을 수도 있다.

그러나 누구나 그럴 수만 있다면 하고 바라지만, 여기에는 중요한 두 가지 단서가 필요하기 때문에 모두가 쉽게 할 수 있는 투자법은 아니다. 두 가지 단서란 하나는 남보다 먼저 가는 불안감을 극복하는 것이고, 또 하나는 자기만의 투자 확신이 있어야 한다는 점이다. 투자 확신이란, 누가 일러주어 알게 된 대박정보가 아닌 늘 정보에 익숙하고 경제흐름을 놓치지 않으려는 본인의 노력에 의해 길러지는 능력이다.

예를 들어 대체에너지 개발을 지원하는 정부 발표가 있다고 하자. 이런 내용들을 귀담아 들었다가 일정기간이 지난 후, 운용사들이 대체에너지 관련 상품을 개발해서 시중에 내놓으면 귀담아 들었던 자료들을 꺼내 펀드 선택의 지표로 활용한다. 이것이 남보다 쉽고 맘 편하게 투자할 수 있는 '길목 지키기 투자법'이다.

달리는 말에 올라타기

한미 FTA라는 지루하고도 긴 협상을 마치고, 구한말 이후
한국은 또 한번 세계를 향해 경제개방을 하였다. 어찌 보면 이 개방
은 우리의 선택사항이 아니고, 부득이 하지 않으면 안 되는 질서에
순응한 것인지도 모른다. 일부 산업의 피해를 찬찬히 따지기도 전에
이미 주식은 연일 사상 최고치를 돌파하였고, 그간 횡보 사이클에 익
숙한 비관론자를 한번에 궁지로 몰아넣어 버렸다.

물리학에 관성의 법칙이라는 게 있다. 이는 '물체는 가려는 방향으
로 계속 움직이려 한다'는 것이다. 한번 방향이 정해지면 그걸 되돌
리기는 쉽지 않다는 얘기이다. 최근에 시장 흐름을 볼 때 이미 한국
의 경제 사이클은 큰 바닥을 지나 애초부터 가려고 맘먹은 방향으로

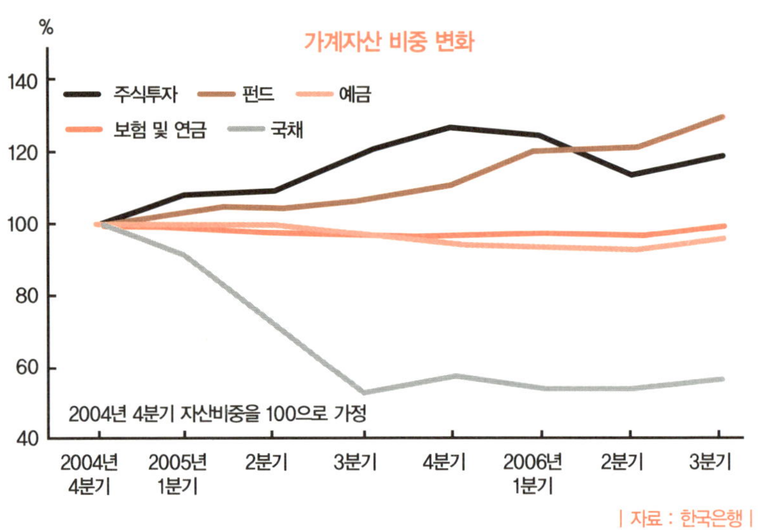

흐르는 듯보인다.

또한 시기만 남았지 한·중간, 한·일간 경제협정 역시도 머지않은 장래에 이루어질 전망이고, 유럽과는 이미 협상이 진행 중이다.

투자에는 현미경적(미시적) 사고로 접근하는 방법과 망원경적(거시적) 사고로 접근하는 방법이 있다. 현미경적으로 보면 개별 경제주체와 그것들에 투자하는 펀드의 경우 앞으로도 우여곡절이 있을 것이다. 그러나 망원경적으로 보면 큰 흐름은 한미 FTA 체결로 개방과 성장 방향으로 정해졌다. 우리는 이제 큰 흐름을 읽고 대응하는 일만 남았다.

그것을 확인이라도 시켜주려는 걸까. 얼마전 대권 후보 한 분은 머지않은 장래에 종합지수가 3000포인트에 도달할 거라고 하면서 이벤

트 형식을 빌려 적립식 펀드를 가입했다고 한다. 한술 더 떠 2012년 종합주가 5000포인트를 돌파할 것이라고 얘기하는 증권사도 등장했다.

이미 한국경제라는 '말'(馬)은 중장기 레이스 스케줄에 따라 달리기 시작한 듯 보인다. 지금 당장은 주가가 오버 슈팅한 감이 있고 단기적으로 출렁임도 있겠지만, 이미 앞의 그래프에서 보듯 2006년부터 가계자산의 비중도 선진 투자형으로 방향을 잡았다. 소신 있게 달리는 말에 올라타고 상승 레이스에 소외되는 우(遇)를 범하지 않기를 바란다.

FTA란

한미 FTA가 우리 사회의 주요 화두가 되고 있다. FTA((Free Trade Agreement, 자유무역협정)란 말 그대로 협정을 체결한 국가간에 상품 및 서비스 교역에 대한 관세 및 무역장벽을 완전히 철폐함으로써 마치 하나의 국가처럼 자유롭게 상품, 서비스를 교역하게 하는 협정을 뜻한다.

이 협정은 다양한 형태의 지역무역협정 중 가장 낮은 단계의 경제통합이다. 특징은 회원국간의 관세 및 무역장벽을 철폐하되 비회원국에 대해서는 각각 다른 관세율을 적용한다는 점이다. 초기 자유무역협정의 협상 대상은 상품에 대한 관세 및 비관세장벽 철폐였으나 최근에는 지적재산권, 정부조달, 서비스, 투자, 환경, 노동, 경쟁정책 등 협상 대상이 확대되는 추세이다.

추세는 순응하는 것이다

2007년 들어 급등하기 시작한 주가는 마침내 7월 25일 역사상 처음으로 2000포인트를 돌파했다. 주변에서 돈 벌었다며 점심 먹자고 하는 사람들도 심심치 않게 생겼다. 그런 반면에 주식이 없거나 올라가는 종목에 소외된 주식을 가지고 있는 투자자들은 아쉬운 맘에 쓰라린 속을 달래고 있다.

개인투자자들이 돈을 못 버는 이유로 두 가지가 있다고 한다. 하나는 시장 추세를 자기 나름대로 각색해 '음모다, 작전이다' 하면서 주가가 오르고 내리는 흐름을 믿지 않는 것이고, 둘째는 무리한 단기투자로 호흡을 짧게 가져가다 보니 제풀에 자기가 지치는 경우이다. 추세는 순응하는 것이지 예측하는 대상이 아니다.

최근 우리 기업들의 체질이 건강해지고 있는 가운데 한미 FTA 협정 등 한국기업들은 지금보다 몇 배의 시장을 개척할 수 있게 되었고, 그에 따른 매출도 급신장하고 있다.

게다가 다가올 노령사회에 대비한 재테크의 중요성 부각, 각 기관자금들의 자산배분의 변화는 한국 자본시장의 대변혁을 가져올 것이다. 지금은 시장의 흐름에 대한 냉철한 직관과 순응, 그리고 추세를 믿는 긍정적인 투자 마인드가 절실한 시기가 아닌가 한다.

추세에 대한 의심만 하는 투자자는 비관의 논리에만 귀 기울이게 되고, 한국경제가 발전하여 종합지수 3000포인트가 된다 해도 여전히 의심의 논리만을 펴고 있을 것이다. 놓친 투자 타이밍을 후회하며 다시 그런 기회가 오기를 기대하지만, 한번 지난 기회는 쉽게 오지 않는다. 혹여 다시 오더라도 이미 비관론에 길들여진 귀는 쉽게 열리지 않을 것이다.

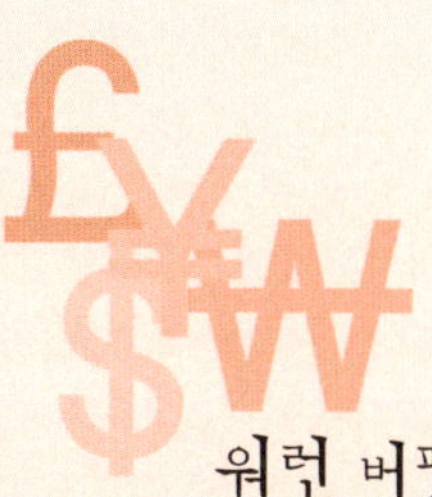

워런 버핏의 투자명언

- 시장이 항상 효율적이기만 하다면, 나는 깡통을 든 거리의 부랑자가 되었을 것이다.
- 하느님도 그렇지만, 시장은 스스로 돕는 자를 돕는다.

펀드 갈아타기

가입한 펀드 수익률이 일정 수준에 이르거나 손실이 깊어질 위험에 처하면 펀드투자자들은 방향을 잡기가 쉽지 않다. 펀드의 환매로 시세차익을 실현할 것인지 아니면 계속 묻어둔 채 수익률 극대화에 나설 것인지, 이때 투자자는 펀드 가입시보다 몇 배의 고민을 하게 된다.

펀드투자의 근본이 장기투자에 있다지만, 원칙과 현실은 다른 것이고 적절한 원칙 적용과 철저한 관리가 실전에선 요구된다. 따라서 상승추세가 유효한 상황이라면 그동안 성과가 부진한 펀드를 교체하거나 분산투자 차원의 포트폴리오 다변화를 고려할 필요가 있다.

펀드 갈아타기는 지나치게 한 곳으로 몰려 있는 투자 포트폴리오를 적절한 분산투자를 통해 시장변화에 대비하는 것이다. 가령 국내펀드에만 투자하고 있다면 해외펀드 투자를 통해 투자 위험을 적극 분산할 필요도 있다. 반대로 해외펀드의 비중이 높다면 국내펀드로 분산시키는 것도 한 방법이다.

갈아타기를 시도할 때 유형에 대한 분산도 중요하지만 시점이나 투자금에 대한 비중 조절 을 시황에 따라 적절히 함으로써 유효한 투자관리가 되도록 한다.

개구리가 뛰는 방향하고 주식이 뛰는 방향은 귀신도 모른다는 말이 있듯이, 아무리 족집게 전문가라고 하더라도 주가의 향방을 정확히 예측하기 어렵다. 저점매수, 고점매도는 누구나 원하는 바이지만 현실로 옮기기에는 불가능하다.

실전에 임해서 투자자는 다른 상품을 사기 위해 보유하고 있는 펀드를 무작정 환매해서는 안 된다. 그 상품을 환매할 만해서 환매하고, 새로 가입할 만해서 가입한다는 마음으로 교체매매를 해야 한다. 섣부른 펀드 갈아타기는 수수료 부담만을 가중시켜 장기적으로 수익률 극대화에 방해만 될 뿐이다.

증시가 날마다 사상 최고치를 갈아치우더니 마침내 코스피 2000p 시대를 맞이하였다. 제법 수익을 올려 뿌듯함을 만끽하는 투자자도 있고, 종목 선정에 실패해 상승하는 장을 쓰라린 속을 달래가며 바라보는 투자자도 있다. 아무튼 전반적으로 유동성과 실적이 적절하게 어우러져 만들어낸 장세 흐름으로, 돈이 돈을 부르고 있고(유동성 장세), 재무구조 면에서 그 어느 때보다 탄탄해진 기업들의 미래도 낙관적으로 전망되고 있는 상황이다.

몇 해 전 어느 경제 관료가 저평가 된 주식시장을 보고, 앞으로 '연기금의 부실을 메울 수 있는 좋은 수단은 주식투자' 라는 정책 제안을 했다가 "연기금이 어떤 돈인데 위험한 주식투자를 하느냐!"며 주요 정부 기관과 노동계의 엄청난 반발을 샀다. 결국 그 관리는 반대 논리에 밀려 뜻을 이루지 못하고 도중하차 하였다.

각 기관이 먼저 나서서 투자하겠다고 하는 요즘에 생각하면 격세지감(隔世之感)을 느끼게 하는 사건이지만, 돌이켜 생각해보면 그때 외국인들에게만 주식시장을 맡기지 말고, 연기금 등이 과감하게 투자에 나섰다면 연기금 내실을 다지는 데 상당히 보탬이 되었을 것이다.

늦은 감은 있지만 작년부터 투자 비중을 높여온 국민연금기금의 올해 수익률(연율 8%)이 지난해(연율 5.77%)보다 상당폭 올라갔다니 일단 반

가운 일이다. 무엇보다 주식시장 활황 덕분이겠지만, 고수익 주식투자 비중을 꾸준히 늘려온(작년 말 11.6%에서 9월말 현재 17.4%) 덕분에 그나마 활황장을 십분 활용할 수 있었으리라고 본다. 그러나 우리 연기금은 아직도 갈 길이 멀다. 외국 주요 연기금과 비교해 주식투자 비중이나 수익률이 아직 절반에도 미치지 못하고 있기 때문이다.

실례로 세계 최대 규모라는 미국 캘리포니아 공무원연금기금인 캘퍼스는 자신들 홈페이지에서 2007년 6월말 기준 연간 수익률을 19.1%라고 소개하고 있다. 또 최근 3년간 연평균 수익률은 14.9%고 5년간 연평균 수익률은 13.8%라고 발표했다. 우리 수익률과 비교하면 엄청나게 높은 수준이다. 이들은 무엇보다 주식투자 비중이 40~60%로 절대적으로 높고, 기금운용도 전문가의 전략적 배분계획에 의해 이뤄지고 있다고 한다.

일단 제도와 구조가 우리와 다르다는 생각이 든다. 그간 연기금들의 부실은 지극히 낮았던 수익률에 그 책임이 있다. 수익률을 올리기 위해서는 우리도 기금 지배구조를 시급히 개선하고 주식투자 확대뿐 만 아니라, 국외투자나 대체투자 등 고수익 투자에 대한 비중을 늘려야 할 것이다.

먼저 펀드시장이라는 큰 숲을 보자 | 펀드가입 전에 꼭 확인해야 할 7가지 포인트 | 이런 펀드는 조심하자 | 펀드는 의외로 안전한 투자상품이다 | 펀드는 의외로 환금성이 높은 투자상품이다 | 펀드, 분산투자 5가지 원칙을 지키자 | 펀드에 큰 영향을 미치는 주가의 5가지 변동 요인 | 펀드투자 상품에 대한 12가지 오해와 진실 | 펀드투자에 큰 변혁을 가져올 '자본시장통합법'

2장

펀드투자자가 꼭 알아야 할 펀드지식

먼저 펀드시장이라는 큰 숲을 보자

자산운용협회에 따르면 증권 및 단기금융 수탁고가 2007년 10월 12일 기준으로 271조 원을 넘고, 이 가운데 주식형이 128조 원, 혼합형이 44조 원에 이른다. 펀드의 총 계좌수는 1,500만 개를 넘고 꼬박꼬박 납입하는 적립식 계좌수도 900만 개를 육박하고 있다. 펀드수도 9,000여 개로 펀드 개수로 보면 미국, 프랑스에 이어 세계 3위의 펀드 대국이 됐다.

펀드가 이처럼 전 국민의 재테크 수단으로 각광받고 있지만, 펀드가입이나 환매, 관리 절차 등에 대해 제대로 알고 투자하는 투자자는 드문 게 현실이다. 사람이 살아가는 과정에서 여러 가지 경험과 시행착오를 하고 살지만, 다른 것과 달리 재테크를 함에 있어서는 잘못 이해

하는 부분이 있다면 그것은 고스란히 투자자의 금전적 손실로 이어
진다는 점에서 대충 알고 넘어가서는 안 된다.

국내에서 운용되고 있는 약 9,000여 개 펀드 가운데 사모펀드를 제
외한 공모펀드의 숫자는 2,000여 개에 이른다.

펀드를 가입하려는 투자자 입장에서 어느 것을 선택해야 할지 시작
부터 막막해진다. 그만큼 최근 펀드의 투자대상이나 종류가 다양하
다는 반증이기도 하다.

주식, 채권, 부동산, 선박, 그림, 환경자산 등은 물론이고 최근에는
돼지고기를 기초자산으로 하는 펀드가 설계되고 있을 정도이니, 투
자의 대상은 무궁무진하고 그 제한이 없다고 하겠다. 이런 마당에 투
자자는 어떤 펀드를 선택해야 자신에게 적합하고 손실이 덜 나면서

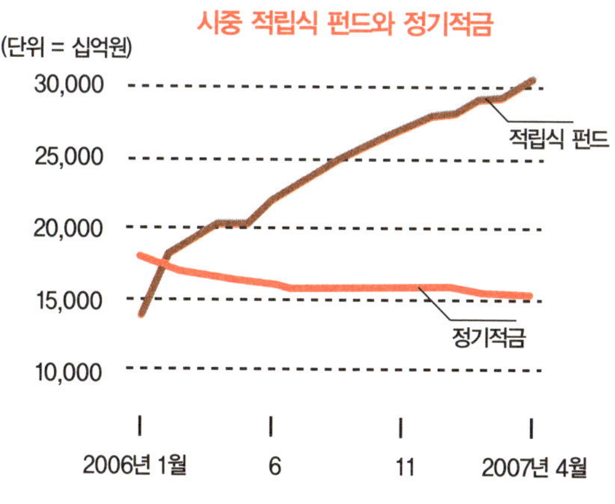

수익은 극대화시킬지 고민스럽다.

사실 이런 고민을 해소해 줄 뚜렷한 방법은 없다. 하지만 모든 투자가 그렇듯이 과감할 때는 과감해야 하지만 기본적으로 신중한 투자 원칙을 견지하는 자세가 필요하다.

펀드도 단기간 인기가 있다가도 조금 지나면 언제 그랬던가 싶게 잊혀지고 그 자리에 또 새로운 상품이 등장하게 된다. 처음엔 당연히 주목받을 줄 알았는데 미리 생각 못한 점이나, 예측할 수 없는 상황 변동으로 전혀 다른 방향으로 흘러버린 것이다. 그러나 결국 그 결과에 대한 책임은 투자자의 몫이라는 데 주목해야 한다.

아무리 전문가라 하더라도 주가의 향방을 정확히 예측하기 어렵다. 따라서 원하는 저점매수 고점매도는 현실적으로 불가능하다. 투자상품과 투자시점을 적절히 분산투자하여 시장변화에 대비하는 신중함이 필요하다. 그 대상이 주식이든, 채권이든, 부동산이든 직접투자의 리스크를 덜기 위해서 하는 투자수단 중 하나일 뿐, 펀드 역시 투자상품이라는 점을 잊어서는 안 된다.

펀드가입 전에 꼭 확인해야 할 7가지 포인트

첫째, 어디에 투자하는 펀드인가

주식형인가, 채권형인가 아니면 두 가지를 섞은 혼합형인가. 만약 주식형이라면 어떤 업종, 어떤 종목에 투자하는지 살펴보자.

둘째, 과거 운용성과는 좋은가

단순히 높은 수익률만이 아닌 전체 수익률 가운데 해당 펀드 유형의 수익률은 어떤가. 유형 평균에 비해 해당 펀드 수익률은 어느 정도의 백분위 순위인가. 수익률이 들쑥날쑥하지 않고 나오고 있는가.

셋째, 펀드 비용은 어느 정도인가

보통 2~3% 정도의 수수료가 일반적인데 장기투자를 하는 경우 수익에서 비용이 차지하는 비중도 무시 못할 만큼 크다. 따라서 비용 규모라던가, 비용의 지불방법, 즉 선취수수료인가, 환매시에 환매수수료는 어느 정도인가, 꾸준히 지불하는 운용보수는 어느 정도인가?

넷째, 운용하는 회사는 어디인가

펀드를 처음 접하시는 분들 중에는 판매사(은행, 증권사)가 운용도 같이 하는 것으로 오해하는 경우도 있는데 판매사는 판매만 할 뿐 운용은 별도의 운용회사가 한다. 운용회사의 수탁고, 과거수익률, 재무상태, 시장에서의 평판 등을 사전에 조사하여 투자금을 믿고 맡길 만한지 살펴봐야 한다.

다섯째, 펀드매니저는 누구인가

펀드 수익률에 결정적인 역할을 하는 것은 펀드매니저의 운용 능력이라 해도 과언이 아니다. 펀드매니저의 과거 운용능력, 운용금액, 펀드운용 개수, 펀드매니저 근속기간 등을 알아두면 좋다. 잦은 매니저의 교체는 운용하는 펀드의 운용이 불안정할 가능성이 높아지므로 가입시뿐 아니라 가입한 후에도 이 점은 유념해야 한다.

여섯째, 해외펀드의 경우 환헤지가 가능한가

최근 해외펀드가 각광 받고 있다. 구체적으로 어느 지역, 어떤 종목에 투자하는지 펀드 결재 통화가 달러화, 엔화, 유로화, 원화 등 어떤 것인지 수익률만큼이나 중요하다. 환율 변동위험에 대한 환헤지가 가능한 것인지 그 여부를 알아 펀드 선택을 함으로써 어렵게 얻은 수익을 환율에 의해 환차손을 보지 않도록 한다.

일곱째, 세금혜택은 있는가

역외펀드의 경우 비과세 여부와 국내펀드의 경우 자신이 세금우대 혜택을 볼 조건이 되는지도 꼼꼼히 따져봐야 한다

이런 펀드는 조심하자

✽ 화장발 펀드

신중하게 살피지 않으면 버려진 펀드를 택할 때가 있다. 수익률이 나쁜 펀드를 없애고 이름만 바꿔 파는 사기에 당할 수 있다. 다 쓰러져가는 집에다 속은 그대로 두고 형광등을 달고 페인트를 칠해서 한마디로 '눈 가리고 아웅' 하는 식으로 속여 파는 펀드이다. 자산운용업계에서는 속어로 '화장발 펀드'라 일컫는다.

이런 화장발 펀드를 피하는 방법은 의외로 간단하다. 신규 판매되는 펀드들은 일단 조심하는 것이다. 특히 테마를 따라잡는 펀드, 소형주 펀드처럼 투자 범위가 좁은 펀드 중에 쓰다 버리는 용도 폐기 펀드가 숨어 있을 수 있다.

신규 펀드에 가입하려면 반드시 해당 운용사가 과거 동일한 스타일의 펀드를 갖고 있었는지 체크해야 한다. 그런데 일반적인 접근으로는 알기가 어렵고 자체 운용사 외에는 아무도 모른다고 보는 게 맞을 것 같다. 따라서 그동안 흔하게 판매되고 알려진 펀드 유형임에도 새롭게 만들어 판매한다면 못난 얼굴에 화장으로 덧칠한 것인지 한번 의심해 보는 것이 좋다.

✳ 번개형 펀드

'수요가 공급을 만든다' 고 했듯이 시장에서 어떤 산업이나 유행 아이템이 눈에 들어오면 찬찬히 따지지 않고 급조해서 펀드를 만들어 판매하는 운용사, 판매사들이 많다(예 : 리츠 펀드, 물 펀드 등). 서둘러 만든 펀드는 생명이 길지 못할 가능성이 높다. 일단 검증이 되지 않았음은 물론 작은 시장 충격에도 변동성이 크다.

긴 안목으로 접근하는 것이 펀드의 본질임에도 단기목표만 앞세우다가 이후 성과마저 시원치 않으면 결국 지리멸멸해지기 쉽다. '번갯불에 콩 구워 먹듯' 만들어서 번개처럼 금방 사라져 버리는 펀드가 아닌지 살펴야 한다.

✳ 속 좁은 테마 펀드

편협한 테마에 집중하는 펀드도 조심해야 한다. 수자원 펀드, 베트

남 펀드, 태국 펀드 등이 꼽힌다. 모 펀드평가사 관계자는 "일부 물 펀드들은 수자원 관련주들이 많지 않다 보니 심지어 삼성전자까지 편입하곤 한다"고 말했다. 삼성전자의 사업부문 중에서 펌프와 관련된 파트가 있기 때문에 편입했다는 것이다. 투자대상이 좁아 본래 뜻했던 전략과는 다르게 움직이는 사례이다.

투자자 입장에서는 다소 사기를 당하는 기분이 들 수 있다. 투자대상이 좁은 신개념 펀드는 적어도 첫 번째 펀드운용보고서가 나와서 실제로 스타일에 맞는 운용이 이뤄지고 있는지 확인한 뒤 들어가는 게 좋다. 베트남 펀드와 같이 일부 지역에 투자하는 것도 속 좁은 펀드의 한 유형이다. 중장기투자가 펀드의 속성인 만큼 속 좁은 펀드의 단기수익률만을 선전하는 판매사가 있다면 조심할 필요가 있다.

✽ 펀드매니저가 자주 바뀌는 펀드

"과거에 어떤 펀드를 운용했던 매니저인가요?" 주식형 펀드를 고를 때는 과거 수익률보다 중요한 것이 매니저의 스타일이다. 펀드매니저가 교체됐고 운용스타일이 바뀌었으면서도 알리지 않는 펀드들도 있다. 이런 펀드들 중에 속빈 '쭉정이 펀드'들이 많다. 펀드매니저들은 심하게는 1년에 몇 번씩 이동하기도 하는데, 펀드매니저가 바뀌어서 운용스타일이 달라졌는지 물어봐야 한다. 운용스타일이 바뀌었다면 왜 바뀌었는지도 물어봐야 한다. 과거 수익률이 좋지 않

쭉정이 펀드

펀드 유형	특징	예상되는 피해	해결 방안
화장발형 펀드	과거 수익률 부진한 펀드 살짝 분칠 후 이름만 바꿈	운용능력 확인 어려움	운용성적이 1년 이상 된 펀드 고르기
번개형 펀드 속좁은 펀드	단기 수익률에 치중 구성 한정된 편협한 투자	장기 수익률 부진 우려 수익률 급등락	적립식 펀드 가입 분산, 장기투자
거품형 펀드	운용원칙과 달리 비정상적으로 설정액 큼	본래 운용원칙 못 살림	펀드 스타일에 따라 설정액 점검

았기 때문에 선수 교체를 한 것이라면 그 펀드는 새 펀드나 다름없다. 과거의 운용실적은 모두 잊는 게 좋다. 신문에서 펀드매니저들의 이동 기사가 나온다면 메모해 두는 것을 잊지 않기 바란다.

✳ 영세한 펀드

잘못 알려진 상식 중 하나가 설정액이 '적은 펀드는 불리하다' 는 것이다. 설정액과 수익률은 꼭 비례하지 않는다. 펀드마다 다르긴 하나 5억 원 이상의 설정액만 충족되어도 성장형 주식펀드 운용이 가능하다. 오히려 문제는 상한선일 수도 있다.

그렇다고 '설정액이 적은 펀드에 투자하라' 는 뜻은 아니다. 펀드 유형마다 설정기간에 따라 다르나 설정액 50억~100억 원에서 300억~500억 원 정도의 펀드를 고른다면 안정성 면에서 무난하다. 설정액이 너무 적은 펀드는 펀드매니저의 역량이 분산돼 상대적으로 신경을 못 쓸 수 있다는 점을 유의해야 한다.

펀드는 의외로
안전한 투자상품이다

원금보장과 확정이자를 최우선으로 여기는 보수적인 투자자들 입장에서는 투자실적에 따라 수익이 달라지는 펀드상품은 왠지 불안하고 익숙하지 않다고 여길 것이다. 그간 '저축의 시대'에 금과 옥조와도 같이 지켜온 '원금보장과 확정이자'에 대한 개념을 '투자의 시대'를 맞아서 하루아침에 떨쳐버리기는 쉽지 않다.

그렇다면 투자의 시대에 안전성의 의미는 무엇일까. 여러 재테크 수단 가운데 상대적으로 얼마나 안전한지, 투자상품으로서 위험대비 수익성 측면에서 안전성의 의미를 평가해야 할 것이다.

펀드에 의한 간접투자가 직접 주식투자보다 안전하다는 점은 여러 가지 금융공학적 장치뿐만 아니라 전문가 집단에서 운용한다는 점에서 두말할 나위가 없다.

펀드는 펀드매니저와 그 전문가 집단에 의해 엄격한 투자원칙에 따라 운용된다. 자산운용사들은 투자하기에 적합한 재무 건전성을 지닌 기업을 엄선하고, 이 중에서 장, 단기적으로 유망한 종목을 다시 선별한다. 여기서 끝이 아니다. 과학적인 리스크 관리 시스템을 구비해 펀드가 과도한 투자 위험에 노출되는 것을 사전 차단한다.

최근에는 이도 부족하여 내부 감사인력을 두어 비정상적인 투자행위도 걸러낸다. 또한 간접투자 자산법에 의해 펀드운용의 한 축인 수탁기관(은행)이 운용기관(자산운용사)의 무리한 투자 행위를 견제하게 돼 있고, 주기적으로 펀드 외부감사도 실시한다. 최소한 법에 위반되는 과도한 투자로 발생할 금전적 손실을 막을 제도적 장치를 마련해두고 있다.

현행 예금자보호법상 개인은 5,000만 원까지만 보장받을 수 있다. 그 이상의 예금을 가입한 경우라면 유사시 나머지 돈을 돌려받을 수 없다는 얘기다. 그렇다면 원금보장을 담보로 한 은행이 언제나 펀드보다 더 안전하고 단정할 수 있는가.

우리는 불과 10여 년 전 IMF 구제금융 시절 은행들이 부도 위기에 몰려 은행문 앞에 붙여진 안내 공지문과 자기돈을 찾지 못해 발을 구르던 모습을 눈으로 목격했다. 직간접 경험을 통해 "은행도 망할 수 있다"는 사실을 이때 깨달았다. 예금자보호를 받는 소규모 제2금융회사들의 경우 지금도 가끔 문제를 일으켜 뉴스에 나오곤 한다.

이에 반해 펀드의 경우, 운용회사가 망하는 것과 고객의 투자금은 전혀 별개이다. 고객이 가입한 은행예금은 일단 은행의 고유재산에 포함돼 은행이 부도나면 예금도 무용지물이 되지만, 펀드는 처음부터 자산운용사나 수탁은행의 재산과는 별도로 구분해서 관리되도록 법으로 정하고 있다.

자산운용사나 수탁은행이 망하고 없어지더라도 펀드투자자는 투자해서 손실이 났다면 손실이 나고, 남은 만큼 수익이 났다면 투자원금과 투자수익까지 합쳐 고스란히 수탁기관(은행 별도계좌)에 남아 있다.

펀드는 의외로 환금성이 높은 투자상품이다

펀드의 또 하나의 장점은 환금성이다. 환금성이란 투자자가 원하는 때에 언제든 투자금을 현금으로 회수할 수 있는가 하는 것인데 펀드는 어떤 재테크 수단보다 상대적으로 탁월한 환금성을 지닌다. 이는 펀드가 투자하는 주요 대상이 주로 자본시장에서 활발히 거래되는 유가증권이기 때문이다.

유가증권은 특정한 권리자와 의무자 쌍방간에 맺는 계약과 달리 표준화된 증서에 의해 거래되기 때문에 유가증권 소지자는 언제든 시장에서 현금으로 용이하게 바꿀 수 있다. 특히 보통의 유가증권은 거래할 수 있는 최소단위가 정해져 있어서 필요한 시기에 필요한 규모만큼 쪼개어 현금화할 수 있다.

가령 특정 부동산을 처분하려고 하면 매수 상대방을 찾아 쌍방이 받아들일 수 있는 가격을 흥정해야 하지만, 주식과 같은 유가증권은 매일 열리는 증권거래소에서 실시간으로 형성되는 가격에 따라 매매하면 된다.

특히 아파트와 같은 부동산은 필요한 부분만 쪼개서 매매하기가 어렵지만 유가증권은 필요한 수량만큼 내다 팔 수 있다.

물론 모든 펀드가 유가증권에만 투자하는 것은 아니다. 2003년까지 펀드는 증권투자신탁 또는 증권투자회사 형태로서 주식, 채권 등 유가증권에만 투자할 수 있었지만, 2004년부터 '간접투자자산운용업법'이 시행되면서 파생상품, 부동산, 특허권 등 특정한 수익권 등에도 펀드를 투자할 수 있도록 문호가 대폭 개방됐다.

따라서 요즘 나오는 펀드 중에는 상대적으로 거래 제약을 받는 것들도 있다. 그럼에도 불구하고 펀드는 여전히 상대적으로 뛰어난 환금성을 보유하고 있다고 평가할 수 있다. 가령 개인이 직접 부동산에 투자할 때와 펀드를 통해 투자하는 경우를 비교할 때, 펀드를 통한 경우가 훨씬 환금성이 좋다.

왜냐하면 펀드는 기관투자가로서 부동산 거래에 관한 정보와 협상에 있어 개인보다 우월한 위치에 있기 때문이다. 따라서 펀드는 우월한 정보력과 협상력을 바탕으로 개인보다 수월하게 부동산을 사고 팔 수 있다.

또한 제도적으로도 펀드는 환금성을 확보하기 위한 장치들을 마련하고 있다. 가령 부동산, 사회간접자본(SOC) 등 거래에 제약이 있는 투자대상에 펀드가 투자하는 경우, 현행법은 이 펀드를 의무적으로 증권선물거래소에 상장토록 하고 있다. 따라서 이러한 펀드에 가입한 투자자는 거래소 시장을 통해 언제든 투자금을 회수할 수가 있는 것이다.

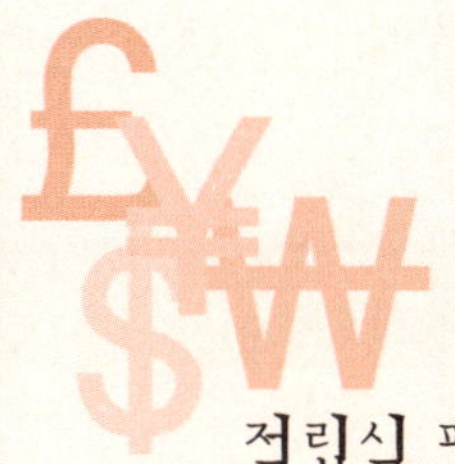

적립식 펀드의 중도환매

많은 투자자들이 적립식 펀드를 과거 은행에 가입하던 재형저축과 비슷하다고 여기고 있다. 가입시점에 정한 만기가 3년이나 5년이었다면 수익률을 중간 점검할 필요가 없다고 보고 만기시점에 돈을 찾으러 가면 된다고 생각하고 있는 것이다. 그런데 펀드는 환매제한 기간(보통 3개월)이 지나면 언제든지 환매할 수 있고 매달 불입액을 조절하면서 수익률을 조절할 수도 있다. 적극적인 펀드관리가 가능한 경우라면 일정한 수익률이 달성되었을 때 중도 환매할 수 있으므로 활용해도 된다.

펀드, 분산투자
5가지 원칙을 지키자

재테크를 시작하고 선배 투자자들에게 조언을 구하면 포트폴리오를 잘 구성하란 얘기를 예외 없이 듣게 된다. 포트폴리오의 사전적 의미는 '투자에서 위험을 줄이고 투자수익을 극대화하기 위한 일환으로 여러 종목에 분산투자 하는 방법'을 말한다.

원래는 '서류가방' 또는 '자료수집철'을 뜻하지만, 일반적으로는 투자에서 여러 자산에 분산투자함으로써 한 곳에 투자할 경우 생길 수 있는 위험을 피하고 투자수익을 극대화하기 위한 방법으로 이용된다. 나누어 놓으면 위험분산이 된다는 얘기는 이론적으로 당연한 얘기이다.

그러나 무작정 여러 상품에 나누어둔다고 성과가 나는 것은 아니고

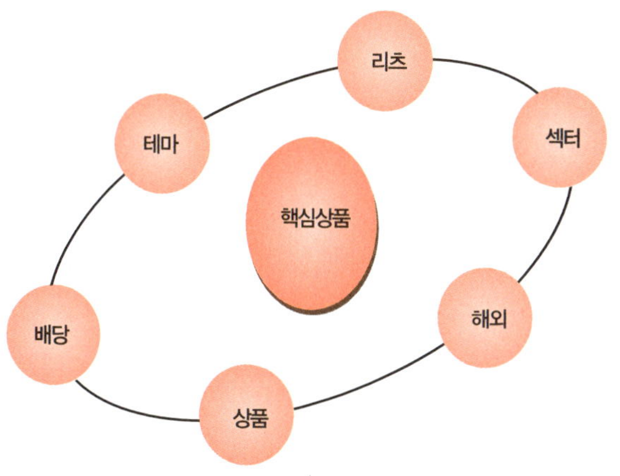

어떻게 나누어야 효율적이고, 나누어서 어떻게 관리해야 현명한 것인가 하는 점이 실전에선 가장 중요한 부분이다. 초보투자자들은 무조건 여러 개로 상품을 나누면 잘하는 것으로 오해하고, 너무 많이 나눈 나머지 투자규모에 비해 '비대한 포트폴리오'를 만들어 버리기도 한다. 이는 성과에 비해 관리하는 데 손이 너무 많이 가는 비효율적 분산이다.

이런 경우는 빨리 포트폴리오 다이어트를 시행해서 효율적인 관리를 해야 한다. 나누는 것도 자기 원칙과 기준, 투자규모 그리고 자기 투자색깔 등을 반영한 투자가 되어야 자기와 궁합이 맞고 효율적인 투자가 된다. 한쪽으로 쏠린 투자, 중복된 유형에 하는 투자, 시대흐름에 역행하는 상품에 투자하는 것은 바람직한 분산이 아니다.

분산의 개념을 제대로 살리기 위해서는 이렇듯 신중한 분산투자를 한 이후에도 꾸준한 관리가 필요하다. 포트폴리오 내에 그간 수익이 생겨 비중이 높아진 부분은 일부 환매도 하고, 또한 수익이 지나치게 저조한 부분은 다른 상품으로 교체도 하는 등 주기적인 포트폴리오 비중의 조정이 필요하다.

일반적으로 분산투자라 하면 자산과 유형에 대한 분산만을 생각하기 쉽다. 그러나 분산투자의 수단은 그것만이 아니고 이외에도 여러 수단을 복합적으로 고려해야 한다. 분산투자의 수단 가운데 우선 크게 5가지 포인트를 정리해 본다.

1 투자자산의 분산

투자분산의 가장 대표적인 원칙으로 투자자산을 분산하는 것이다. 대표적인 투자자산인 주식, 채권, 부동산, 현금성 자산으로 투자를 나누어 각 자산간 위험을 분산함으로써 안정적인 수익을 얻고자 하는 투자원칙이다.

2 펀드 유형의 분산

한두 개 펀드에 투자하기보다는 개수를 늘려 투자하면 위험이 줄고 보다 안정적인 성과를 얻어나갈 수 있을 것이다. 물론 위험성이 줄어드는 만큼 기대수익률도 적을 수 있지만 다양한 유형에 투자함으로써 안정적이고 지속적인 성과를 얻을 수 있을 것이다.

❸ 투자시점의 분산

펀드도 수익의 진폭은 직접투자에 비해 적다고 하나, 투자상품인 만큼 하루하루 운용실적에 따라 가격변동성을 갖고 있다. 따라서 어느 시점이 기준가가 고점인지 저점인지 알기 어렵다.

신중한 투자자는 적립식 펀드나 분할투자로 투자시점을 분산하고 투자기간을 잘 잡아서 가급적 위험을 낮추고 기대수익률을 높이는 노력을 한다.

❹ 투자지역의 분산

투자위험 감소를 위해서는 한 나라에 집중투자 하지 않고 해외자산에 적절히 투자해 놓는 것도 훌륭한 분산투자이다. 예를 들어 우리나라 주식시장이 변동성이 높다고 생각한다면 미국이나 유럽과 같은 선진국 주식시장에 분산투자하면 전체 포트폴리오의 투자위험을 좀더 낮추는 효과를 발휘하게 된다.

일반적인 기준을 애기하면 해외와 국내투자의 비율은 7:3, 선진국과 신흥시장에 투자하는 비율도 7:3 정도이다. 이는 국내에 비해 위기 상황에 대처하는 시간을 고려하고 정보의 차이라든가 안정성을 감안한 비율이라 생각하면 되겠다.

해외자산 투자시에는 펀드의 수익률뿐만 아니라 환율변동에 따른 손익이 발생할 수 있다.

환율변동에 따른 손익을 피하고 싶다면 이에 대한 대비가 필요하다. 환율변동을 관리하는 방법으로는 투자통화를 분산하는 방법과 환헷지를 하는 방법이 있다. 포트폴리오를 구성할 때 투자자산 배분 및 투자지역 배분에 중점을 두고 가급적 다양한 통화의 펀드를 섞어서 투자한다면 환율 변동성에 의한 위험도는 많이 낮아진다.

펀드에 큰 영향을 미치는
주가의 5가지 변동 요인

주식시장에 영향을 미치는 요인은 다양하고 복잡하다. 주식 가격을 결정짓는 가장 기본적인 요인은 뭐니 뭐니 해도 경제지표이다. 펀드는 유형에 따라 차이는 있지만 거의 모든 펀드가 주식과 상관관계를 가지고 있다 해도 과언이 아니다. 따라서 주가 흐름을 제대로 이해하는 것은 펀드를 이해하는 데 꼭 필요한 부분이라 하겠다.

1 경기가 좋으면 주가도 좋다

경기는 주가와 아주 밀접하다. 경기가 좋아지면 주머니가 넉넉해지고 여유자금은 소비로 이어진다. 소비는 곧 기업생산과 연결되고 매출이 늘어난다. 매출의 증가는 이익의 증가이고, 수익성은 주가상승의 견인차(牽引車)이다.

다만 주가는 경기에 상당 기간 선행하는 모습을 보이는 게 일반적이기 때문에 당장은 기업실적이 부진해도 장차 나아질 것이라는 믿음으로 주가는 상승한다.

② 금리가 오르면 주가는 떨어진다

금리와 주가는 역의 방향으로 흐른다. 금리가 오르면 높은 금리를 쫓아 돈은 은행으로 몰린다. 다시 말해 은행에 돈을 맡기는 것이 주식투자하는 것보다 좋다고 생각하는 사람이 많아져서 주식을 덜 선호하게 된다.

또한 은행에 빚을 진 기업들은 금리가 올라 대출이자가 오르면 투자비용이 늘어난다. 이는 곧 수익성 저하로 이어지고 주가는 악영향을 받는다. 이렇게 단순하면서도 효과가 빠른 요인이다 보니 경기조절을 위해 정부가 가장 흔히 쓰는 정책수단이 금리이기도 하다.

③ 통화량이 늘면 단기에 주가가 상승한다

돈이 시중에 많이 풀리면 돈의 힘은 일시적으로 주가상승의 요인이 된다. 하지만 장기적으로 보면 꼭 좋은 일만은 아니다. 통화증가는 인플레이션을 부르게 되고 정부는 다시 긴축정책(금리인상)으로 돈을 회수하게 되는데 이러면 역(逆)으로 주가는 하락하게 된다.

4 부동산이 좋으면 주가도 좋다?

과거에는 부동산이 좋으면 주식이 나쁘고, 주식이 활황이면 부동산이 안 좋다는 얘기를 했다. 이는 돈은 한정되어 있는데 한군데에 관심을 가지면 다른 한쪽은 소외를 받는다는 논리였다.

그런데 실상은 그렇지 않았다. 부동산에 관심이 있는 투자자들은 부동산을 하고 주식에 관심이 있는 투자자는 주식에 투자하는 것이지, 어느 쪽이 더 좋다 하여 다른 쪽으로 움직이는 것은 아니다.

최근 이런 모습에 또다른 변화가 나타나고 있다. 정부의 강력한 부동산 대책으로 망설이던 자금들이 주식시장으로 넘어오고 있다. 이는 저축의 시대에서 투자의 시대로 넘어오는 과도기적인 모습을 지나 차차 일반적인 추세로 정착할 전망이다.

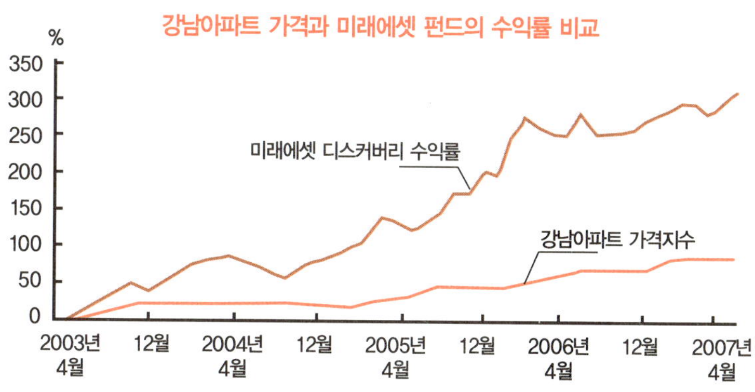

5 환율이 오르면 주가도 오른다

환율이 오른다는 의미는 원화가치가 하락한다는 의미이다. 몇 번을 들어도 자주 혼동되는 것이 환율의 오르고 내리는 부분이다. 어쨌든 이 부분은 환율의 오름과 원화가치는 시소처럼 역비례라고 생각하면 편하다.

즉 환율이 오른다는 것(예 : 1,000원/달러에서 1,100원/달러)은 그간의 원화가치보다 가치가 떨어진다는 의미(예 : 1,000원만 주면 될 것을 1,100원을 주어야 하므로)로서 원화가치가 떨어진다는 것은 반대방향으로 환율이 올라간다고 이해하면 된다.

환율이 오르면 수출품 가격이 하락하게 되고, 수출품은 해외에서 가격경쟁력을 얻게 된다. 그럼 기업은 매출이 늘게 되고, 이익도 덩달아 늘어 주가는 오른다. 반면 환율이 떨어지면(원화가치 상승) 수출기업은 채산성이 떨어진다.

그러나 수입업체는 싸게 물건을 구입할 수 있어 유리한 점이 있고, 외국인투자자들의 경우 환차익을 볼 수 있기 때문에 이들이 주식을 매입하는 경우 주가에 긍정적으로 작용하기도 한다.

펀드투자 상품에 대한 12가지 오해와 진실

지난 몇 년간 펀드가 급성장하다 보니 뜯어보면 당연한 내용들이 이런저런 선입관, 오해 등과 맞물려 혼동을 겪는 경우가 많다.

1 펀드는 원금보장 상품이다?

그간 은행거래에 익숙한 분들이 예금과 적금과 같은 확정이자형 상품과 혼동하여 투자상품임에도 원금보장 여부를 따져 묻는다. 주식형이든, 채권형이든 어떤 펀드든 간에 펀드는 원금보장을 100% 해주는 펀드는 없다고 보는 게 맞다.

투자상품은 그 속성상 금리보다 높은 수익을 바라는 만큼 위험도 감수해야 한다. 일부 ELS 상품이나 대안 펀드의 경우 원금보장은 아니더라도 원금보장에 가까운 펀드설계를 해서 판매한다. 이런 경우에도 펀드설계상 안전장치를 잘 만들어 놓았다는 것이지 완전히 보장하는 것은 아니다.

2 적립식 펀드는 만기가 있다?

펀드는 개방형과 폐쇄형이 있다. 보유한 펀드가 폐쇄형이 아니라면 투자자는 언제나 가입과 환매를 자유롭게 할 수 있다. 판매사에서 적립식 펀드 판매시 고객들에게 익숙한 정기적금과 비교 설명을 많이 했는데 이 과정에서 적립식 펀드의 만기를 적금 만기 개념과 비슷한 것으로 오해하는 일이 생겼다.

적립식 펀드에서 계약기간은 본인의 자금 계획에 따라 1, 2, 3…년을 정하면 된다. 결국 적립식 펀드의 경우 만기라는 개념을 환매수수료 없이 돈을 찾을 수 있는 기간을 정한 것으로, 정한 기간 뒤에 환매 여부는 투자자 본인이 선택하면 된다. 적립식의 경우 정한 기간 후에 환매하지 않고 그냥두면 스스로 거치식으로 전환되어 운용을 계속하게 된다.

3 비과세는 해외펀드만 된다?

정부 발표 내용이나 신문기사에서 보면 비과세는 해외펀드만 되는 것처럼 혼동하기 쉽다. 그래서 펀드 비과세는 해외펀드만 적용되는 것으로 오해를 많이 한다. 그러나 이미 국내펀드의 경우 주식매매차익에 대해서 비과세하고 있다.

이는 주식거래에 대해 특별한 혜택을 주는 것이 아니고 주식거래를 하면서 이미 주식거래세를 부담했으므로 만일 또다시 과세한다면 이중과세(二重課稅)가 된다. 해외펀드 비과세는 이런 불평등을 늦게나마 맞춰 이중과세를 하지 않겠다는 것뿐이다. 해외 증시에 상장된 주식의 시세차익에 대해 비과세하는 것이다.

주식배당금, 비상장주식의 시세차익, 채권 시세차익 및 이자소득은 과세 대상이다.

4 중국펀드는 중국에만 투자한다?

해외펀드의 투자대상 지역은 펀드명으로 짐작할 수 있다. 그러나 예를 들어 중국의 경우, 나라가 커서인지 세계 곳곳에 화교들이 많아서인지 투자대상 증시가 여러 곳이고 각각 수익률도 차이가 난다. 따라서 이 점을 구분해서 투자해야 한다.

중국 증시는 본토 A, B, 홍콩 H, 레드칩 등으로 구분돼 있다. 국내에 소개되는 대부분의 중국펀드는 '중국 기업주식'에 투자하는 것은 모두 맞으나 중국 상하이 A시장이냐, B시장이냐, 홍콩 H시장이냐 아니면 그 외 지역에 상장된 주식에 투자하느냐를 구분해 파악해야 한다.

■ **중국펀드** _ 상하이/심천 B주식, 홍콩 H주식, 레드칩(QFII인 경우 일부 A주식 포함)에 투자하는 펀드

■ **대중국펀드** _ 중국 본토 및 홍콩, 대만, 싱가포르 거래소에 상장된 중국 관련 주식에 투자하는 펀드

이처럼 중국펀드 내용이 여러 가지이다 보니 중국펀드 내에서 시장 편입비율에 따라 수익률 차이가 난다. 자신의 투자 목적에 맞게 선택하면 된다. 최근처럼 A시장이 급등락을 하는 상황에서는 공격적인 투자를 원하는 경우 A시장 편입이 높은 펀드에 가입하고, 보수적인 투자자라면 A시장이 덜 포함된 상품을 선택하면 될 것이다.

⑤ 환매수수료는 항상 내는 것이다?

환매수수료는 남아 있는 가입자들에 대한 일종의 벌금 성격이다. 펀드란 중장기적 투자상품이므로 펀드매니저는 운용전략도 그에 맞게 짜고 운용을 하는데 운용 중에 아무때나 제한 없이 자금을 환매한다면 펀드운용에 차질을 주게 된다. 정한 기간 내에 수익이 발생했으면 정한 환매수수료를 내고 나와야 하는데, 목돈을 일시에 투자하는 거치식 투자의 경우 보통 90일을 기준으로 한다.

적립식 펀드의 경우엔 매달 돈을 납입하기 때문에 대개의 경우 환매 직전 3개월치에 대해서 수익이 날 경우 환매수수료를 낸다. 만일 수

익이 없다면 환매수수료도 당연히 물지 않는다. 적립식 펀드에선 만기를 정해 이 기간이 소요되면 환매수수료 면제 기회를 준다. 이는 장기투자를 권장하기 위한 목적이다. 환매수수료는 운용사나 판매사의 몫이 아니고 해당 펀드에 편입된다. 한편 그 수는 적지만 간혹 환매수수료가 없는 경우도 있으니 가입 전에 주의 깊게 볼 필요가 있다.

6 펀드평가회사에서 발표하는 수익률이 내 수익률이다?

투자자들은 판매사나 운용사 홈페이지를 통해서, 또는 평가회사에서 언론에 발표하는 펀드 수익률을 보고 가끔 자신의 수익률과 다른 걸 확인하면 의아해 한다. 왜 차이가 나는 걸까? 이는 거치식 투자를 기준으로 계산한 수익률이기 때문이다. 주가가 지속적으로 상승하더라도 적립식 펀드의 경우 비용평균효과(Dollar cost Averaging Effect)에 의해 거치식의 절반 정도의 수익을 내는 것이 원인이다.

7 대형 판매사 펀드가 더 좋다?

담배인삼공사에서 파는 담배는 어느 지역에서 사나 담배의 품질과 가격이 동일하듯 펀드도 판매하는 곳이 어디든 같은 이름의 펀드는 어디나 같은 상품이다.

펀드는 운용사에서 만들고 판매는 계약 맺은 은행이나 증권사에서 판매한다. 특별한 경우가 아니라면 일반적으로 펀드는 여러 판매회사에서 공동으로 판매한다. 모든 판매사에서 모든 상품을 파는 것은 아니고 운용사와 계약한 상품만을 판다. 따라서 투자자들은 가입하고자 하는 펀드를 선택하고 그 펀드를 판매하는 판매사를 방문하여 가입한다.

2009년 실시 예정인 '자본시장통합법'에서는 판매채널의 다양화와 고객의 이익을 위해 펀드 슈퍼마켓과 같은 제도를 더욱 활성화하여 투자자가 원하는 펀드를 어느 판매사에 가던 제한 없이 가입할 수 있도록 규정해두고 있다.

8 적립식 펀드는 꼭 정한 날 정한 금액을 납부해야 한다?

적립식은 정액적립식, 자유적립식이 있다. 적립식으로 가입했다고 하더라도 구좌에 납부한 잔액이 부족하면 돈을 불입하지 않아도 무방하다. 반대로 돈의 여유가 있다면 추가 불입도 가능하다. 일정액을

펀드 판매채널별 판매 비중

(단위 = 조원)

구분	2004년 말	2005년 말	2006년 말	2007년 5월 말
증권	131.8 (73.0)	132.2 (65.9)	134.8 (58.3)	138.2 (57.3)
은행	48.7 (26.9)	64.0 (30.5)	87.7 (37.9)	93.5 (38.8)
기타	0.2 (0.1)	4.4 (3.6)	8.9 (3.8)	9.5 (3.9)

| 괄호 안은 전체에서 차지하는 비중(%) |

매달 내면 정액적립식, 금액 제한 없이 내면 자유적립식이다. 이는 편의상 문제이지 강제사항은 아니다.

특히 문제가 되는 것은 '자동이체'이다. 자동이체의 경우 보통 펀드 명의와 같은 명의의 은행계좌에 등록하면 정한 기간, 액수, 날짜에 따라 은행계좌에서 펀드계좌로 자동이체 된다. 이때 자동이체는 납입기간보다 짧거나 같아야 한다. 즉 3년 계약의 적립식 펀드라면 3년 이하로 자동이체를 걸어 놓는 것도 하나의 요령이다.

또 자동이체는 '의무사항'이 아니고 '선택사항'이다. 정액적립식 펀드라도 자동이체를 하지 않고 매달 직접 납입해도 된다. 판매사마다 적립식 상품을 취급하는 방식이 조금씩 다르니 적용 개념을 정확히 확인해 차질이 없도록 해야 한다.

⑨ 상품이 같다면 판매조건도 다 같다?

역외펀드의 경우에 판매사를 선택함에 있어 이 점을 특히 신경써야 한다. 동일한 펀드상품임에도 판매사마다 조건이 조금씩 다른 경우가 흔하기 때문이다.

주로 '최소 가입금액'이라든가 '선물환계약 가능금액' 등에서 차이가 난다. 또한 최근에 온라인 전용 펀드상품들이 나오면서 인터넷과 판매지점 간에도 약간의 수수료 차이가 발생하기도 한다.

10 펀드매매는 판매사를 꼭 방문해야 한다?

인터넷뱅킹, 증권사 계좌가 기존에 있는 사람은 해당 판매사 상품을 가입하고자 할 때, 인터넷을 통해 가입이 가능하다. 특히 은행이나 증권사에 갈 시간이 없는 직장인의 경우 인터넷뱅킹, 증권계좌를 이용해서 거래하면 된다.

최근에는 수수료가 싼 인터넷 전용 펀드의 경우, 아직은 출시 상품이 다양하지는 못해 그리 활발하게 거래되지는 않지만, HTS(홈트레딩 시스템) 화면으로 모든 것이 가능하다.

11 선취수수료 상품은 환매수수료가 없다?

판매수수료는 크게 수수료를 사전에 내는 선취형(클래스 A)과 나중에 내는 후취형(클래스B) 그리고 선취 후취 없이 판매보수를 매일 나눠내는 평잔형(클래스C)까지 세 가지 납부 방법이 있다. 최근엔 후취형은 거의 없고 선취형과 판매보수를 나눠내는 소위 평잔형이 일반적이다.

그런데 많은 투자자들이 선취형의 경우 환매수수료가 없다고 생각한다. 2006년 상반기까지 나온 펀드들은 일반적으로 그렇게 수수료 체계가 돼 있었기 때문에 선취 1% 정도의 수수료를 내고 나중에 환매 시엔 수수료 걱정 없이 환매가 가능했다.

그러나 2006년 하반기 표준약관이 개정되면서 주식형은 멀티클래스(종류형)로 나오게 되었고, 더불어 선취형에도 어김없이 환매수수료가 붙게 되었다.

이는 장기투자를 유도하기 위한 정책조치의 일환이다. 따라서 최근에 나오는 선취형 주식형 펀드는 모두 환매수수료가 부과된다. 하지만 약관개정 이전에 설정된 구형(2006년 상반기 이전 출시상품) 주식형 펀드의 경우 아직도 선취형 펀드는 환매수수료가 없다.

12 적립식은 무조건 선취형이 유리하다?

거치식 투자의 경우, 통상 투자기간이 1년 이상만 넘으면 선취형(클래스 A)이 매일 판매보수를 나눠내는 평잔형(클래스 C)보다 이익이다. 선취형은 1회만 수수료를 내면 되기 때문에 2년째부터는 수수료 부담이 없고 보수만 내기 때문이다.

그런데 적립식은 다르다. 적립식은 투자할 때 선취형으로 낸다면 매달 1% 정도의 선취수수료를 내는 셈이다. 계산해보면 적립식의 경우 약 2년 이상 유지해야 선취형이 평잔형보다 유리하다는 계산이 나온다. 2년 미만 단기투자자라면 평잔형(클래스 C)을 선택해야 유리하다. 판매회사 직원들은 보통 선취형을 자연스럽게 추천하는 경우가 많다.

그 이유는 회사 이익을 위해서 그런다는 얘기도 있지만, 그것보다는 보통 적립식의 경우 납입기간으로 3년이 가장 흔한데 3년 이상의 경우에는 당연히 선취형이 유리하다는 공식적인 생각으로 적립형 3년 +선취형(클래스 A)을 세트화해서 권하다 보니 그렇게 굳어진 것이 아닌가 한다. 따라서 적립식을 단기 2년 미만으로 투자할 경우에는 스스로 평잔형(클래스 C)을 선택하는 것이 무방하다.

국부펀드(SWF : Soverign Wealth Fund)

국부펀드란 한 마디로 국가의 자산(부) 투자에 활용하기 위해 조성하는 펀드이다. 중앙은행이 관리하는 외환보유고와는 별도로 운용되며, 정부가 다양한 재원을 기반으로 조성한 수익창출 목적의 투자기구를 포괄적으로 이른다. 특징은 장기간 돈이 묶이더라도 보다 높은 수익을 거둘 수 있는 고수익 채권, 주식, 부동산 등 다양한 자산에 투자한다는 점이다. 국부펀드는 쿠웨이트가 1953년 석유판매 수입을 재원으로 쿠웨이트 투자위원회를 설립하고 런던에 투자사무소를 개설한 것이 그 시발점으로 알려져 있다.

이 펀드는 크게 두 가지 형태로 나뉜다. 하나는 원유 등 1차상품 판매를 재원으로 하는 상품펀드이고, 또 하나는 외환보유액이나 채권 발행 등으로 조성되는 비상품펀드이다.

국부펀드는 2000년대 들어서 중동, 러시아 등 산유국과 중국, 싱가포르 등 신흥시장국들을 중심으로 크게 늘어나고 있다. 이는 국제유가 상승으로 석유수출국의 정부 재정수입이 대폭 증대되고, 신흥시장국들의 경우 무역으로 많은 돈을 벌어들였기 때문이다. 현재 세계 국부펀드의 자산비중은 7 대 3 정도로 석유수출국들이 우위에 있지만, 앞으로는 신흥시장국들 비중이 점점 커질 것으로 전문가들은 예측하고 있다.

미국의 서브프라임 여파로 신용경색 위기가 발생하자 글로벌 유동성의 신규 공급자로 국부펀드가 주목을 받기도 했지만, 최근엔 국제 금융시장의 구도를 변화시키거나 글로벌 경제의 혼란을 부추길 수 있다는 불안감 때문에 국부펀드의 투자활동에 대한 우려의 목소리도 커지고 있다.

펀드투자에 큰 변혁을
가져올 '자본시장통합법'

국민소득 3만 달러를 향한 금융산업의 숙원 과제였던 '자본시장과 금융투자업에 관한 법률'(이하 자통법)이 통과되어 1년 6개월 입법 유예기간을 거쳐 2009년 본격 시행을 앞두고 있다.

자통법은 은행, 증권, 보험 등으로 구분돼 업종 내에서 개별회사끼리 경쟁하던 기존 금융시장구조에 일대 변화를 가져올 것으로 예상된다. 자통법이 시행되면 증권사에 소액자금 이체가 허용되어 증권사 계좌 하나로 불편함 없이 모든 금융 업무를 볼 수 있다.

자통법에서 증권, 자산운용, 선물업의 경계를 허물고 금융투자사가 이 모든 업무를 한꺼번에 할 수 있기 때문에, 지금처럼 자산운용사가 운용을 맡고 판매사가 판매하는 시스템이 아닌 원스톱 체제가 되어

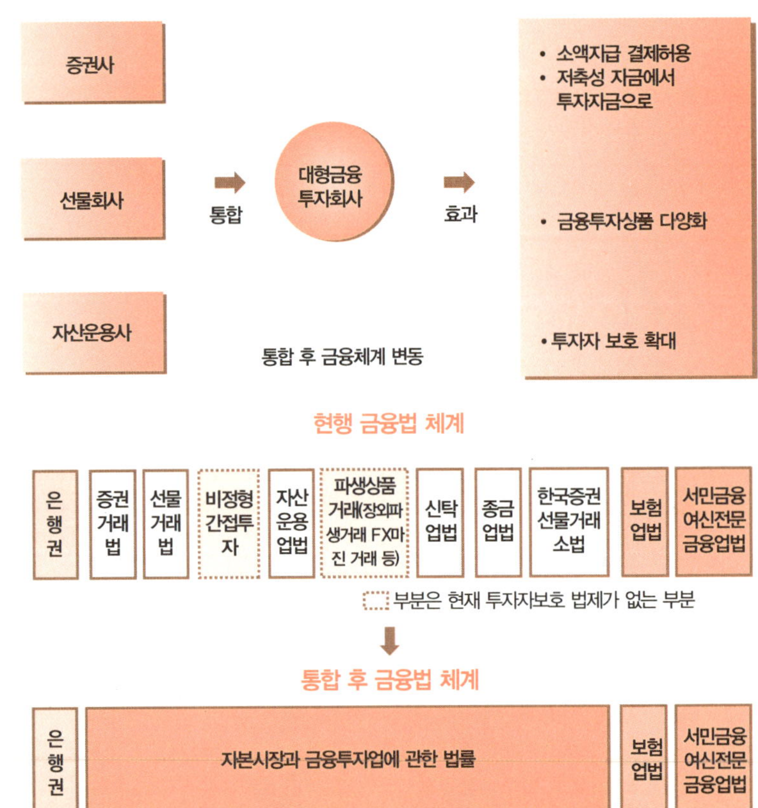

판매단계도 줄어들고, 판매채널 다양화의 일환으로 도입되는 펀드 슈퍼마켓과 같은 제도들이 투자자에겐 선택의 폭을 넓혀주고, 보다 저렴한 비용을 가져다 줄 것이다.

금융상품 판매시 상품에 대해 반드시 소비자에게 이해하도록 하는

자통법 실시로 등장할 금융 예상 신상품

종류	명칭	내용
펀드	합자회사 공모펀드	합자회사 형태를 이용해 투자자금 공모
	익명조합 공모펀드	상법상 익명조합 형태로 투자자금 공고
	혼합자산펀드	증권, 부동산, 파생상품 등에 자유롭게 투자
장외파생상품	재해파생상품	지진 등 재해발생시 금전 지급
	범죄발생률 파생상품	범죄발생률 지표에 연계해 금전 지급
	날씨 파생상품	강수량, 강설량 등 지표와 연계해 금전 지급
파생결합상품	역변동금리증권	금리상승시 고수익. 하락시 저수익 제공
	이중지표증권	장단기 금리차가 커질수록 수익 확대
	디지털옵션증권	특정지표에 연계하되 수익을 비연속적으로 지급
	신용연계증권	증권의 기초자산 신용에 연계해 원리금 지급
	펀드연계증권	특정 펀드 수익률 연계해 원리금 지급
	재해연계증권	재해발생 손해 규모와 연계해 원리금 지급
	range accrual 증권	정해진 범위 내 지표가 머문 기간으로 수익 결정

설명의 의무도 더욱 강화된다.

이처럼 투자자들의 선택의 폭이 넓어지는 만큼 은행, 증권사 등의 서비스 경쟁은 더욱 치열해지고 각 판매사들의 부가서비스들은 점점 다양화될 것이다.

우선 손쉬운 방법으로 본인이 가입한 펀드의 운용사나 판매사 홈페이지를 이용해서 알아본다. 그리고 조금 더 나아가서 펀드평가회사 홈페이지를 이용한다. 제로인(www.funddoctor.co.kr)과 한국펀드평가(www.kfr.co.kr), 모닝스타코리아(www.morningstar.co.kr) 등 대표적 3개 펀드평가업체 홈페이지를 방문해서 펀드 수익률 등을 확인할 수 있다.

이들 회사들은 투자자들을 위해 간단한 기호로 펀드의 등급을 매긴다. 한국펀드평가와 모닝스타코리아는 별표로 등급을 표시하고, 제로인은 태극마크로 등급을 표시하는데, 어떤 것이든 표시 방법의 차이고, 모두 기호가 많을수록 높은 등급이고 우수한 펀드로 판단하면 된다.

예를 들어 제로인의 경우는 Top펀드, Top운용사, 위험조정 우수펀드 등으로 분류하고, 이중 상위 10%에는 태극마크 5개인 1등급을 부여하며 최하위 10%에는 태극마크 1개인 5등급을 부여하는 식이다. 한국펀드평가는 여러 가지 유형의 카테고리 펀드를 구분하고, 동일한 투자위험 대비 가장 우수한 수익률을 기록한 펀드에 별 5개를 부여해 1등급이라 한다. 반면 가장 낮은 수익률을 보인 펀드에 대해서는 별 1개를 부여한다. 모닝스타코리아는 펀드를 주식, 채권, 혼합 등으로 분류해 등급을 정한다.

평가대상 펀드는 신생펀드나 운용금이 일정 수준에 이르지 못하면 대상에서 제외하며, 펀드평가회사마다 일정기준(예 : 설정일 1년 이상, 운용금 100억 이상 등)에 부합하는 펀드만 평가대상 펀드로 정한다.

이런 평가회사의 객관적인 펀드평가를 펀드신청의 판단기준을 정하기도 하지만 이 역시도 모두는 아니고, 하나의 중요한 참고사항으로 생각하는 게 현명하다.

펀드의 등급이란 것도 알고 보면 자동차에서 백미러로 밖을 보듯, 뒤로 보이는 과거 수익률이나 위험도 등과 같은 계량적인 결과치로 만들어진 것에 불과하다는 점을 잊어서는 안 된다. 따라서 이런 평가를 기초로 해당 분야의 전문가의 의견도 참고하고 장차 예상되는 경제상황에도 관심을 갖는 등 유연하게 대처하는 것이 중요하다. 이렇듯 과거에 대한 검증과 미래에 대한 추세 적응으로 투자가 이루어질 때 위험은 적고 성과는 높아질 것이다.

3장

실전 펀드투자 길라잡이

펀드는 간접투자 상품이다

펀드란 말의 원래 의미는 어떤 특정한 목적을 위해 여러 사람이 모아 놓은 '돈뭉치'를 의미한다. 펀드 즉, 돈뭉치의 규모가 적다면 체계적이고 정교하게 운용할 필요가 없지만, 목적이 분명하고 돈뭉치가 커지면 당연히 운용의 형태가 달라져야 한다.

재테크 차원에서 말하는 펀드의 의미는 여러 사람의 돈을 모아 전문가에게 맡기고, 전문가가 이를 대신 투자해서 얻은 이익을 투자자에게 돌려주는 상품을 말한다.

펀드는 투자자를 대신해 전문가가 운용해주는 것이므로, '간접투자 상품'이라고 한다. 여기서 전문가란 펀드매니저를 말하는데 펀드매니저는 자산운용회사에 고용된 직원이다.

자산운용회사는 펀드운용의 대가로 펀드로부터 1~3%의 수수료를

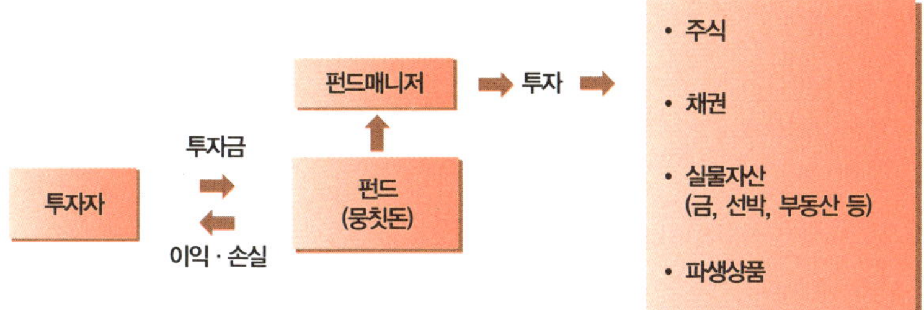

받는다. 펀드투자의 대상은 주식, 채권에서부터 금, 구리와 같은 원자재, 부동산, 선박 같은 실물자산까지 매우 다양하다. 전체적으로 보면 이 중에서 주식과 채권에 대한 투자비중이 제일 높다.

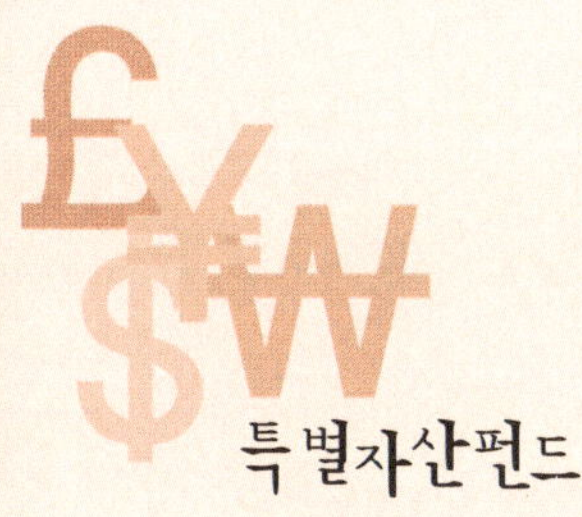

특별자산펀드

특별자산 펀드란 2004년 간접투자자산 운용업법 시행에 따라 도입된 상품으로 유가증권이나 파생상품, 부동산 외에 사업권 대출채권 등에 투자하는 펀드를 말한다. 드라마 펀드, 대학 기숙사 펀드, 동물원, 폐기물매립장 건설, 선박 건조 등이 여기에 해당하며, 투자대상이 끝나기 전에는 투자금 회수가 어렵기 때문에 대부분 투자금 추가납입 및 중도환매가 안 되는 단위형, 폐쇄형 사모펀드로 판매되고 있다.

펀드가 은행의 예금이나 적금과 다른 점

은행의 예금과 적금을 '확정이자형' 상품이라고 한다. 돈을 넣기 전에 이미 얼마의 이자를 받을 수 있는지 미리 정해진다. 이에 반해 펀드는 '실적배당형' 상품이라고 한다.

펀드는 운용실적에 따라 이익이 나면 이익금을, 손실이 나면 손실을 떠안아야 한다. 여기서 원금에 대해 이익이 나는 부분을 수익이라고 한다. 펀드는 펀드매니저가 어떻게 운용하느냐에 따라 운용성과를 돌려받는 것으로 기본적으로 원금을 보장해줄 수는 없고 얼마의 이자를 주겠다고 정해줄 수도 없다. 투자상품이니 당연히 예금자보호도 안 된다. 따라서 '확정이자형'인 예금, 적금에 비해 위험성이 높은 투자상품이다.

'High risk, High return' 즉, 높은 수익을 얻자면 높은 위험을 감수해야 한다는 말이다. 재테크를 함에 있어 위험이 크다는 얘기는 우리가 일반적으로 생각하는 의미로 이해하면 곤란하다. 누군들 위험을 일부러 자초하려는 사람이 있겠는가. 저금리 시대에 '이자 $+\alpha$'를 얻기 위한 상대적인 위험이라고 생각하고 기꺼이 감내할 때 남과 다른 성과를 얻을 것이다.

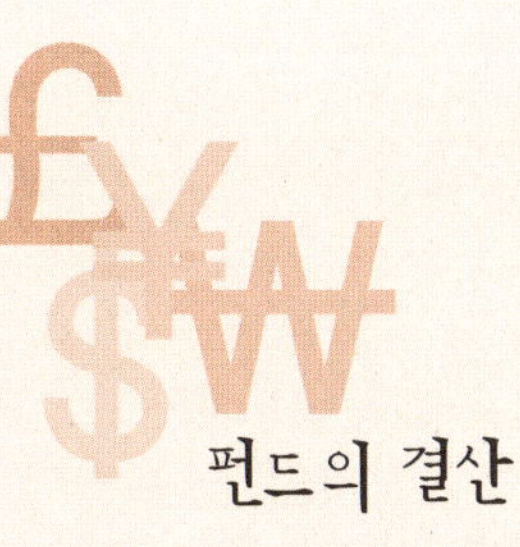

펀드의 결산

주식회사가 정해진 기간(보통 1년)에 결산을 하듯이 펀드 내 보유재산을 결산해 이익분배금 및 상환금, 신탁보수 등을 확정한 다음, 이익분배금이나 상환금은 수익자에게 지급하거나 재투자하고, 신탁보수는 펀드에서 인출하여 위탁자(자산운용사)와 수탁자(은행)에게 지급한다.

펀드는 수익증권이다

수익증권이란 전문적인 투자대행기관이 일반투자자로부터 소액자금을 모아 대규모의 뭉칫돈(fund)을 조성하고, 이를 주로 유가증권에 분산투자하여 여기서 얻어지는 수익을 투자자에게 분배해주는 투자상품이다. 즉 위험은 최소화하고 수익은 극대화하려는 금융상품이다. 일반적 의미의 펀드란 바로 수익증권을 의미한다.

수익증권의 기본구조

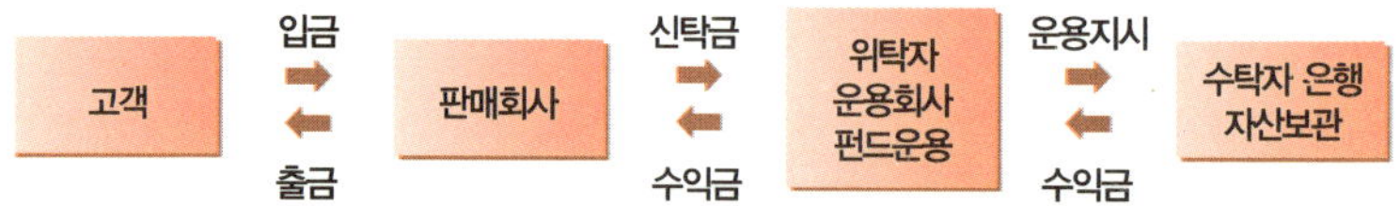

✱ 수익증권의 5가지 장점

■ 불특정 다수의 공동투자

펀드투자는 여러 사람들이 돈을 모아 뭉칫돈을 만든 후 믿을 만한 운용자에게 맡기는 공동투자 형태로서, 소규모의 자금으로 유가증권에 투자하여 수익을 추구한다.

■ 전문가에 의한 대행투자

펀드투자는 일반투자자들의 직접투자에 따르는 위험을 회피하기 위해 투자전문기관인 투신운용, 자산운용회사에 투자를 위임하는 간접투자방식이다. 일반투자자는 양질의 투자를 하면서 직접투자에 따르는 시간과 노력을 절약할 수 있다. 그럼으로써 자기 본업에 충실할 수 있고 여가를 누리면서 투자성과를 얻을 수 있다.

■ 다양한 유가증권에 대한 분산투자

신(神)만이 안다는 시장의 흐름은 예측의 대상이 아니라 대응하는 공간이다. 투자자는 투자를 함에 있어서 높은 수익을 올릴 수 있는 선택도 중요하지만, 위험에 대한 분산을 적절히 해서 투자하는 것도 중요하다.

■ 투자자에게 운용성과 환원

펀드의 운용성과는 펀드비용(운용, 관리, 판매보수)을 제외하고는 투자자의 몫이 된다. 운용성과는 수익증권의 좌수(보유 지분)에 비례하여 투자자에게 분배한다.

■ 수익증권의 환매

환매라는 의미는 펀드를 판매한 판매회사의 입장에서 볼 때 투자자에게 판 수익증권을 '다시 사준다'는 의미이다. 즉 펀드에 맡겼던 돈을 찾는 것이다. 또 수익증권은 환매수수료를 지불하면 만기 전이라도 환매가 가능하다. 펀드 환매는 펀드 자체가 완전히 소멸되는 '전부 해지'와 개별적인 투자자의 환매 요구에 따라 펀드가 일부 축소되는 '일부 해지'로 구분할 수 있다.

내가 가입한 펀드 어디서 운용하나

국내 펀드산업은 1969년 8월 증권투자신탁법이 제정된 이래 주요 유가증권에 투자하는 '신탁계약형' 펀드만이 인정되어 왔다. '신탁(信託)' 이란 일정한 목적 하에 다른 사람의 재산관리와 처분을 위임하는 것이라고 할 수 있다.

여기서 '투자신탁계약' 이라 함은 신탁재산의 운용을 담당하는 자를 '위탁자', 신탁재산의 보관과 관리를 담당하는 자를 '수탁자' 라 하고, 위탁자와 신탁자간에 신탁 내용에 대해 체결하는 계약을 말한다. 이 신탁계약에 의해 발생한 수익권(이익을 얻을 수 있는 권리)을 분할해 수익권이 어느 정도인가를 표시하는 유가증권을 발행한다. 이 것을 수익자에게 취득하도록 하는 것이 현재까지 가장 흔한 거래 형

수익증권과 뮤추얼펀드

구분	투자신탁(수익증권)	투자회사(뮤추얼펀드)
투자자 지위	수익자	주주
투자지분 표시	수익증권	주식
수익금 지급	분배금	배당금

태이다.

이후 1988년 12월에 증권투자회사법이 제정되면서 기존의 '계약형 증권투자신탁'과 더불어 '회사형 투자신탁'이 도입되었다. 회사형이라 함은 증권투자를 목적으로 하는 회사를 설립하고 일반투자자가 주주로서 발행주식을 취득하는 형태를 말한다.

달리 법률적으로 얘기하면 증권투자신탁은 '계약형'을 의미하고 증권투자회사란 '회사형'을 칭하는데, 흔히 증권투자신탁을 '수익증권' 증권투자회사를 '뮤추얼펀드'라고 부른다.

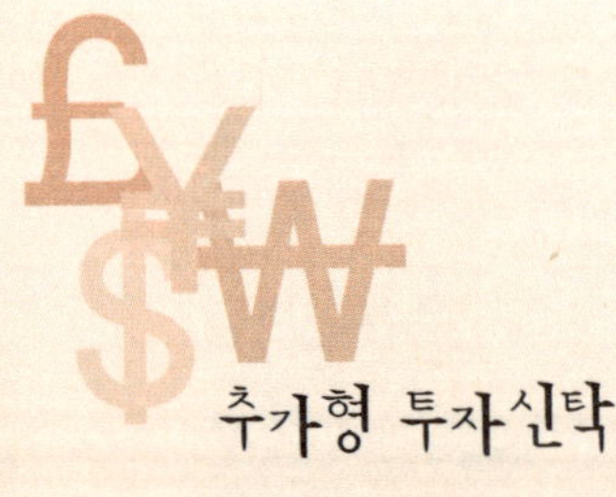

추가형 투자신탁

투자자들이 언제든지 펀드에 추가로 투자금을 불입할 수 있는 펀드를 말한다. 적립식펀드의 경우 반드시 추가형 펀드라야 가능하다. 일반적으로 한국의 주식, 채권펀드는 추가형이라 보면 된다.

실전투자자가 꼭 알아야 할 사항들

✳ 보수

투자자를 대신해서 관리하는 관리비용이다. 펀드에 가입한 고객이 지불하는 돈은 크게 수수료와 보수, 세금으로 대별된다. 여기서 다시 보수는 네 가지로 구분된다.

펀드를 운용하는 자산운용사에게 주는 운용보수, 펀드를 판매하는 은행, 증권사, 보험사 등 금융회사에 주는 판매보수, 고객자산을 안전하게 관리해 주는 은행(수탁회사)에 내는 수탁보수, 펀드를 관리함에 있어 사무관리 활동에 필요한 일반보수 등이다.

보통 보수의 수준은 1년 단위로 보면 주식형 펀드의 경우 1~2.5% 정도이다.

✳ 환매수수료와 선취판매수수료

수수료는 환매수수료와 선취판매수수료로 나뉜다. 일반적으로 펀드는 90일 전에 환매하면 이익금의 70%에 해당하는 금액을 환매수수료로 공제한다. 모든 펀드는 애초에 펀드를 설계할 때 투자목적과 유형별 투자전략 등에 따라 편입비중을 조절해 주식, 채권 등 자산에 투자하게 된다.

그런데 성과를 보이기도 전에 환매가 수시로 발생하게 되면 자산운용사들은 당초 계획했던 투자운용을 할 수 없게 되고 투자수익도 달성하기가 어려워진다.

따라서 환매에 따른 벌칙성 수수료를 정해 놓아서 일정기간 안에는 고객들이 환매하는 데 불편하도록 만들어 놓은 것이다. 그러나 이익

펀드비용 구조

펀드 가입자가 부담하는 비용		의미	예 : 한국삼성그룹 적립주식 1ClassA (단위 : 연율)
수수료 (한번만 떼는 돈)	선취(판매)수수료	펀드가입 시점에 미리 내는 돈	-
	(중도)환매수수료	계약기간 이전에 환매할 때 내는 돈 선취수수료를 내면 환매수수료는 없는 경우가 대부분	90일 미만의 경우 이익금의 70%
보수 (펀드가입 기간 중 계 속 떼는 돈)	운용보수	자산운용사에 펀드운용 대가로 내는 돈	0.69%
	판매보수	은행·증권사 등 펀드 판매사들에 내는 돈	1.64%
	수탁보수	돈을 보관해 주는 대가로 수탁회사인 은행 등에 지급하는 돈	0.07%
	일반보수	펀드 관련 사무에 지급하는 돈	
	기타 비용	주식매매 거래 비용 등 반복적으로 지출되는 돈	0.1634%

- 수수료의 경우 후취(판매)수수료도 있으나 대부분의 펀드에는 적용되지 않고 있다.
- 위에 예시된 펀드와 달리 환매수수료를 받지 않을 경우 보통 선취(판매)수수료로 1%를 낸다.

은커녕 손해가 난 펀드라면 환매수수료는 물지 않는다.

선취판매수수료형 펀드는 펀드를 가입할 시에 가입금액의 정해진 일정 비율에 따라 판매수수료 명목으로 판매회사에서 미리 떼는 펀드를 말한다.

2006년 상반기까지는 선취판매수수료를 미리 공제함으로써 투자자들이 중도에 환매하더라도 환매수수료를 부과하지 않았지만 이후 표준약관이 개정되면서 선취형에도 환매수수료를 부과하고 있다.

✳ 보수율

기본적으로 총보수를 연 환산한 보수 비율에 따라 '당일 평가금액 × 1/365'씩 일 환산으로 계산한다.

펀드 종류별 보수율 현황(%)

구분	운용보수	판매보수	계
주식형	0.738	1.365	2.103
파생	0.485	1.13	1.615
혼합형	0.528	0.977	1.505
재간접	0.669	0.972	1.641
부동산	0.676	0.716	1.392
채권형	0.166	0.348	0.536
특별자산	0.432	0.65	1.082
MMF	0.104	0.266	0.37

2007년 6월말 기준

펀드를 운용 중에 주식양도차익 외에 발생한 이자, 배당 등의 소득에 대해서는 소득세 14%와 주민세 1.4%(소득세의 10%)를 합한 15.4%를 세금으로 내야 한다.

CMA(Cash Management Account)

증권사 CMA는 MMF로 운용되는 경우와 확정금리 RP(환매조건부채권)로 운용되는 형태가 있다. RP로 운용되는 경우 종금사 CMA보다 금리가 더 높은 것이 장점이다. 증권사와 종금사 둘 다 CMA 카드를 통해 은행 현금카드처럼 자동인출기에서 출금할 수 있는 편리함을 갖췄다.

또 급여이체, 공과금 자동납부, 결제기능이 있고 증권사의 경우 주식청약자격과 포인트 적립, 수익증권 매입기능, 주식·채권 매입기능 등이 포함돼 있다. 일부 증권사는 CMA에 있는 자금으로 온라인을 통해 펀드 매매도 가능하도록 해놓기도 했다.

펀드 통장 보는 법

✱ 종목

펀드 통장을 펼치면 가장 먼저 눈에 띄는 건 종목이다.

예를 들어 '한화 꿈에그린 차이나 주식투자신탁 1호' 1호란 숫자는 그 상품이 1호란 뜻이다. 운용사에서 펀드를 시리즈로 계속 판매할 때 1호, 2호, 3호 등 판매 순서에 따라 상품명에 숫자를 부여해 판매한다. 1호, 2호…는 비슷한 듯하나 투자대상과 운용시점이 다를 수 있기 때문에 수익률에서 차이가 날 수 있다.

✱ 잔고좌수, 기준가격

펀드의 기본 단위는 '좌(座)'이다. 잔고좌수는 투자자가 현재 보유하고 있는 펀드의 총수량을 말한다.

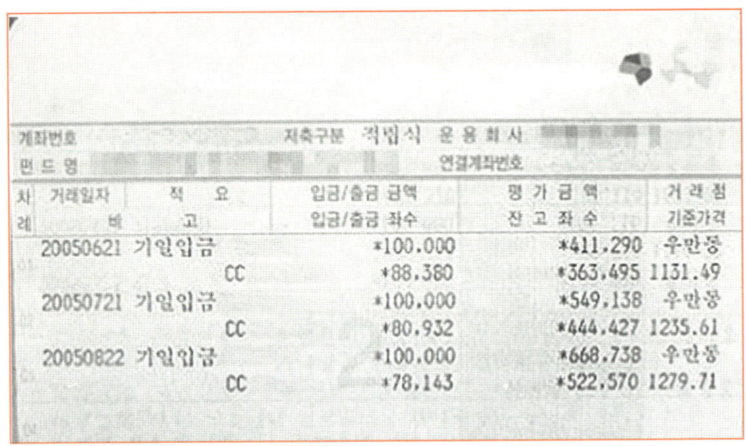

차례	거래일자	적요 비고	입금/출금 금액 입금/출금 좌수	평가금액 잔고좌수	거래점 기준가격
	20050621	가입입금	*100,000	*411,290	우만동
		CC	*88,380	*363,495	1131.49
	20050721	가입입금	*100,000	*549,138	우만동
		CC	*80,932	*444,427	1235.61
	20050822	가입입금	*100,000	*668,738	우만동
		CC	*78,143	*522,570	1279.71

기준가격은 펀드를 사고파는 가격으로 주식과 비교하면 주가와 비슷한 개념이다. 펀드 기준가격은 보통 1,000좌 단위로 표시하며, 1,000좌당 '1,000원'을 기준으로 시작한다. 기준가는 펀드가 편입하고 있는 기초자산의 운용수익률에 따라 등락을 반복한다.

펀드가 설정된 날을 기준으로 '1,000원'으로 시작하지만 다음날부터 펀드운용 실적에 따라 기준가격은 변한다.

✳ 거래일자

펀드를 거래한 날짜를 말한다. 초단기 금융상품인 머니마켓펀드(MMF)를 제외하고는 펀드가입일 당일 주식이나 채권을 살 수는 없다. 주식형 펀드의 경우 장마감 시간인 오후 3시를 기준으로 이전과 이후로 구분해 거래일이 결정된다.

✲ 평가금액

거래일 현재 투자원금과 수익을 합한 금액이다. 잔고좌수에 당일의 기준가격을 곱해 산출하는 금액이다. 만기시에는 평가금액란에 금액에서 세금과 수수료를 공제한 금액만큼 인출할 수 있다.

✲ 적정매수

당일 매수를 제외한 익일 매수, 즉 펀드에 돈을 맡긴 다음날 거래가 시작되는 것을 적정매수라 한다.

✲ 분배금 입금

최초 설정일로부터 1년마다 결산할 때 수익률에 따라 지급되는 결산 분배금을 말한다.

✲ 재투자 수

대부분의 펀드는 투자 후 1년이 되는 시점에 그동안 상승한 기준가격을 다시 1,000원으로 환원하는 작업을 한다. 1,000원으로부터 다시 시작하는 대신 1,000원을 초과하는 금액은 잔고좌수로 메워주게 되는데 이를 재투자라 한다. 다만 기준가격이 1,000원 이하이면 재투자를 하지 않는다.

투자자들이 펀드를 가입할 때 예상수익률과 함께 가장 많이 관심을 갖는 것이 원금보장 여부가 아닌가 한다. 특히 펀드 상품을 권유받는 과정에서 원금보장과 원금보존이라는 말을 많이 듣게 되는데 비슷한 듯하나 그 의미는 다르다.

원금보전(원금보장)

사전적으로 '원금보전(原金保全)'이란 원금과 이자를 보장한다는 의미이다. 투자에서는 투자원금이 손실이 발생한 경우, 예금자보호법에 따라 금융기관이 5,000만 원 한도 내에서 원금과 일정한 이자를 보장해 주는 것을 말한다.

원금보존

사전적으로 '원금보존(原金保存)'이란 원금과 이자를 책임지지 않으나, 손실이 없도록 운용 노력을 한다는 의미이다. 운용사 등이 자금을 운용함에 있어 손실이 발생하지 않게끔 최선을 다하기는 하나 그 결과에 대한 책임은 지지 않는다. 즉 자산을 안정적으로 운용토록 설계하고 관리하나 만일 원금손실이 발생한다면 그 책임을 투자자가 전부 안아야 한다.

이상과 같이 펀드를 설명하는 내용 중 '보전(保全)과 보존(保存)'이란 부분은 꼼꼼히 살펴서 자기가 원하는 투자내용과 어긋나지 않는 선택을 해야 한다.

금융기관에서 상품을 설명할 때 ELS, ELF 경우에는 직접 투자하는 주식투자에 비해 안정적이라는 의미로 원금보존이란 설명을 많이 한다. 반면 ELD(Equity Linked Deposit 주가연계예금)은 예금에 기반을 둔 성격대로 원금보장형에 속한다. 그러나 은행에서 같이 판매하고 있는 주식, 채권형 펀드는 원금을 보장하지 않는다.

투자자에게 원금보장이란 더할 수 없는 안정감을 주는 말이기는 하나, 과연 그것이 투자상품으로서 최선인가 하는 점은 단적으로 그렇다고 대답하기는 어렵다. 즉 원금보장형 상품이 안전을 담보하기는 하나 수익구조상 수익률이 높을 가능성은 낮다. 따라서 투자자는 원금손실의 위험을 감수하고 높은 수익성을 쫓을 것인지, 낮은 수익률이라도 투자의 안정성에 중점을 둘 것인지 선택해야 한다.

4장

성공 펀드투자를 위한 펀드상식

펀드 이름은
어떻게 붙여지는 걸까

사람을 구분하는 첫 번째 방법이 이름이듯, 펀드도 펀드 이름만 제대로 뜯어보면 그 펀드가 가진 펀드의 성격과 유형 등을 반쯤은 알 수 있다.

자산운용협회의 '간접투자상품 및 판매에 관한 규정'에 따르면 펀드 이름에는 맨 앞에 운용사, 다음으로 운용특성, 투자대상, 펀드순번, 맨 뒤엔 종류형 순번 등을 순서대로 정한다.

운용특성에는 주요 운용전략, 투자지역 등이 포함된다. 글로벌주식, 배당주, 후순위채, 경매부동산, 중국회사채, 코스닥블루칩 등 투자할 부분을 명시하기도 한다.

투자대상은 주식형이나 채권형, 혼합형 등으로 구분한다.

운용사	브랜드	운용특성	투자대상	펀드순번	멀티플래스펀드 (수수료 체계)
☐☐	☐☐	☐☐	☐☐	☐☐	☐☐
한화	꿈에그린	차이나	주식투자신탁	1호	Class A

예를 들어 위의 사례에서 한화는 '한화투신운용'이다. 꿈에 그린은 한화의 브랜드 네임이다. 차이나는 중국시장에 투자하는 펀드라는 의미이다. '1'은 펀드의 순번이다. 설정액이 커지면 펀드의 유연성이 떨어지기 때문에 같은 방식으로 운용하는 펀드를 새로 만들어 1은 첫 번째, 2는 두 번째 펀드를 뜻한다.

"ClassA"는 멀티클래스 펀드(종류형 펀드)라는 의미이다. Class나 A,B,C… 등 알파벳이 붙으면 그 펀드는 멀티클래스펀드이다. 멀티클래스는 투자금액과 기간에 따라 수수료 체계가 다른 펀드다.

보통 선취수수료를 떼는 펀드는 A를 붙인다. 후취수수료를 떼는 펀드는 B형, 선취·후취수수료가 없는 펀드는 C형(판매보수가 높은 편임), 선취·후취수수료가 모두 있는 펀드는 D형, 인터넷 전용 펀드는 E형이다.

펀드 관련 투자상품에는
어떤 것들이 있나

✻ 주식과 채권

펀드는 주로 주식과 채권에 투자하는 비중이 높다. 여기서 주식과 채권이 어떤 점이 같고 다른가. 기업은 필요한 자금을 시장에서 직접 조달하는 방법으로 채권과 주식을 이용한다.

이렇게 기업이 채권이나 주식을 통해 돈을 조달하게 되면 기업 입장에서는 둘 다 자본이 되는데, 주식과 채권은 각자 다음과 같은 특징을 갖고 있다.

주식 소유자는 그 기업의 주주로서 주주총회를 통해 기업경영에 직접 참여하게 된다. 그러나 채권 소유자는 투자자라기보다는 자금을 대여한 입장으로 경영에 참여하지는 않고 기업으로부터 일정한 이자를 받는다. 채권은 주식과 달리 안정적인 수입을 보장해 준다. 주식은 주가상승으로 인한 시세차익과 기업성과에 따라 배당을 분배받는다. 반면 채권은 기업의 실적과는 무관하게 정해진 이자를 받는다. 또 만일 기업이 부도가 나면 채권은 주식에 우선해 상환을 받을 권리가 있다.

주식의 특성과 채권의 특성을 적절히 조합한 상품인 전환사채라는 것이 있다. 이는 기업이 발행한 채권에 일정시점 기준으로 정한 바에 따라 주식으로 전환할 수 있는 권리가 부여된 채권이다. 형태는 이자를 받을 수 있는 채권의 모습이지만, 경우에 따라 전환을 청구하면 시세차익과 배당을 받는 주식으로 바꿀 수 있다.

✳ 적립식 펀드

한번에 목돈을 투자해 펀드에 가입하는 것을 거치식 펀드라 한다. 이와 상대되는 의미인 적립식 펀드는 은행에 적금처럼 매달 일정 금액을 정기적으로 불입하는 투자방식이다. 간혹 적립식 펀드를 상품의 종류로 오해하는 경우도 있는데, 적립식 펀드라는 상품이 따로 있는 것이 아니고 하나의 투자방식이다. 투자하는 방식 그 자체가 적립식 펀드이다. 다시 말해 적립식 펀드를 산다는 표현보다는 '어느 펀드에 적립식으로 투자한다' 라는 표현하는 것이 올바른 표현이다.

✳ CMA

최근 은행 곳간이 마르고 그 곳간에 있던 자금이 흘러가는 곳이 증권사의 CMA구좌라고 한다. 매일매일 이자를 준다고 선전하며 투자자들의 관심을 한몸에 받는 CMA(Cash Management Account)란 무엇일까. 수시입출금, 공과금, 계좌이체, 주식, 펀드투자 등을 자유롭게 하는 것으로 우리말로 하자면 '종합자산관리 구좌'라고 한다. 은행의 보통예금으로 할 수 있는 거의 모든 것을 할 수 있다. 다만 은행 고유의 업무(국고수납, 지로 등)는 아직 안 된다.

2009년 실시될 자본시장통합법 시행 후에는 이마저도 가능하게 되어 은행은 자금 확보라는 측면에서 긴장하고 있다. 이 법 시행으로 인해 증권사는 지급결제권(은행에 가상구좌로 관리하던 소액지급 기능을 증권사 자체에 부여)을 갖게 되는 까닭이다.

증권사 CMA는 예금자보호 대상이 아니라는 단점이 있다(종금사와 합병한 동양증권의 경우는 종금법 적용으로 예외). 그 대신 증권사는 혹 생길지 모르는 변동성에 대비해 안정성이 우수한 국공채나 금융채, MMF(머니마켓펀드), RP(환매조건부 채권) 등에 투자해서 안정성을 높여 두었으니 안전성을 의심할 필요는 별로 없다.

내부 속성은 투자상품이지만 증권사는 하루만 맡겨도 확정이자를 4~5%대로 지급하겠다고 하니 그간 낮은 이자에 목말라 있던 분들의 귀가 솔깃할 만하다. 특히 월급통장일 때 유리한 점이 많아 당분

서비스	은행예금	CMA(현행)	CMA(향후)
자동이체	○	△	○
송금	○	○	○
현금인출	○	○	○
ATM 이용	○	○	○
카드결제	○	△	○
지로	○	×	○
심야 온라인뱅킹	○	×	○
주식, 펀드 서비스	×	○	○
예금자보호	○	종금형에 한함	종금형에 한함
금리	0.1~1.4%	4~5%	4~5%

- △은 은행과의 계약내용 및 수납기관의 정책에 의해 일부상품만 가능

간이 흐름은 지속되리라 보여진다.

특히 일부 증권사는 CMA에 있는 자금을 이용해 온라인으로 주식 거래는 물론 펀드 매매도 가능하도록 해놓아서 투자의 편의성이라는 측면에서도 유용하다.

✱ ELS (주가연계증권)

주가연계증권이란 말 그대로 주가지수나 개별주식의 가격에 연동해 수익률이 결정되도록 만들어진 상품이다. 초기에는 Kospi 200 등 주가지수에 연계되던 것이 점차 개별종목에 연계되고 있다. 최근에는 연계되는 종목의 수도 보통 2개 이상으로 늘어났다.

ELS(Equity Linked Security) 상품이 인기를 끌게 된 것은 은행의 저금리에 만족하지 못하는 투자자에게 상대적으로 고수익을 기대할

수 있도록 한데다 만기 구조를 다양하게 제시한 것이 주효했다고 생
각한다.

✱ ELF (주가연계펀드)

ELS에 투자하는 펀드이다. ELS는 증권사에서 발행하는데 반해
ELF(Equity Linked Fund)는 자산운용사가 ELS에 투자해 운용하는
펀드상품이다. ELF는 운용성과에 따라 수익이 결정되는 '실적배당
형' 상품이므로 원금보존에 대한 보장은 받을 수 없다.

일반투자자 입장에서 보면 ELS와 ELF는 확연히 구분할 수 없을 정
도로 유사한 점이 많다. 가입자 입장에서는 굳이 두 가지를 구별하기
보다는 가입하려는 상품 그 자체의 특성과 내용을 살펴보고 선택하
는 것이 현명하다. 또한 ELF의 장점으로는(ELS도 마찬가지이지만) 혹
시 기초자산이 하락하는 경우라 하더라도 크게 하락하지만 않는다
면 안정적인 수익(금리+α)을 얻을 수 있다.

다시 말해 직접 투자의 형태로 주식에 투자하는 경우 주가하락시 그
만큼 손실을 떠안아야 하나 ELS, ELF의 경우 펀드매니저의 운용 노
하우와 금융 공학적 방법을 통해 안전조치를 취함으로써 큰 수익을
기대할 수는 없어도 손실을 극소화시키는 장점이 있다.

✳ DLS (파생결합증권)

DLS(Derivatives Linked Securities)는 ELS와 비교하자면 투자하는 기초자산이 주가뿐만 아니라 이자율, 환율, 신용, 실물 등 넓게 활용할 수 있다는 점이 다르다. 확장된 기초자산에 기반을 두고 원금 또는 이자를 지급하거나 투자위험을 줄일 목적으로 결합해서 만들어낸 금융상품이다.

결국 기초자산이 여러 상품으로 다양하게 구성되어 분산투자의 효과를 거둘 수 있다. 따라서 주식 외에 다양한 상품에 분산투자 하고자 하는 목적의 투자자에게 적절한 상품이다.

✳ 펀드랩 vs 재간접펀드

펀드랩의 장점은 다양하고 복잡한 펀드상품을 지역, 섹터에 따라 전문가의 도움을 받아 골라 투자할 수 있는 장점이 있다. 펀드에 나누어 투자한다는 점에서 비슷한 개념으로 재간접펀드가 있다. 두 펀드의 가장 큰 차이점은 수수료와 운용방식이다.

펀드랩과 재간접펀드 비교

구분	펀드랩	재간접펀드
주요 편입자산	펀드	펀드, 채권, 파생상품
펀드선택	랩 매니저	펀드매니저
운용방식	통합모델 혹은 개별계좌로 운용	펀드매니저가 통합 운용
맞춤형 투자	개별계좌 투자자 성향에 따라 비중 조절가능	투자자의 의견 반영불가
투자내용 확인	실시간 가능(신뢰성 측면 강점 보유)	투자시점 한달여 뒤 가능
수수료	랩 수수료 부과, 환매수수료 없어 보통 펀드보다 저렴	펀드마다 다름, 환매수수료 부과

펀드가입 전후에 유의할 사항

✽ 펀드가입 시점

투자자가 펀드에 가입하려고 할 때 '기준가격'이란 용어를 제일 먼저 접하게 된다. 이는 가입하기 전날까지의 해당 펀드의 운용결과가 반영된 펀드 순자산 가치를 뜻한다. 투입하는 투자금은 이 기준가격에 기초해 매입할 수 있는 매입좌수가 정해지기 때문에, 기준가격을 얼마로 가입하느냐에 따라 향후 펀드수익률이 달라지는 것이므로 몰라서는 안 되는 펀드의 기본 중의 기본이라 하겠다.

주식형 펀드에 가입하려는 투자자들은 오후 3시를 기준으로 기준가 적용이 달라진다는 점을 유의해야 한다. 주식 편입 비중이 50% 이상인 주식형 펀드에 가입할 경우, 주식시장 마감시간인 오후 3시까지는 가입한 날의 종가 등을 근거로 다음날 아침 확정 공지되는 기준가로 펀드를 매입한다. 그러나 3시 이후에 가입하는 부분에 대해서는 다음날이 아닌 그 다음날의 기준가가 된다는 점이 틀리다.

주식편입 비율이 50% 미만인 펀드나 채권형 펀드는 기준이 되는 시간이 오후 5시이다. 이 역시 오후 5시 이전이면 다음날 기준가 적용을 받고, 오후 5시 이후면 이틀 뒤의 기준가격이 적용되지만 실제로 판매사들의 영업시간 이후이므로 가입이 되지 않는다고 생각해도 무방하다.

✴ 펀드비용

펀드비용은 크게 수수료와 보수라는 개념으로 대별된다. 수수료는 대체로 일회성 비용이고, 보수는 가입기간 동안에 펀드를 관리해주는 관리 대가이다. 간혹 오해가 되는 부분이 수수료인데 투자원금이 기준이 아니고 원금과 수입금을 합한 평가금액이 기준이 된다는 점이다.

또 보수는 한 차례 발생하는 것으로 생각하는 경우도 많은데 실제로는 매일 매일의 평가잔액에서 일할 계산(수수료 × 1/365)으로 매겨진다.

✴ 펀드관리

펀드투자자는 몇 가지 법적 권리를 갖게 된다. 주요한 것만 추려봐도 의결권이 주어지고, 수수료 인상을 비롯해 수탁회사, 신탁기간 등의 변경, 환매 연기에 대한 사항, 투자신탁의 합병에 대한 의결권을 행사할 수 있다.

펀드에 관한 의결권이 발생하면 해당 자산운용사는 주식에서 주주총회와 같이 수익자 총회를 소집하게 된다. 보통의 경우 총회소집 2주 전에 사무관리회사를 통해 우편이나 메일 등의 방법으로 통보한다. 의결권은 수익증권 1좌에 1개씩이며 보유지분만큼 의결권 행사를 하게 된다.

펀드 수익률을 알아보려면 판매사에 전화해서 알아보거나 해당 자산운용사, 증권사 홈페이지, 자산운용사 홈페이지(www.amak.or.kr)에 접속해서 확인하면 된다. 이때 정확한 펀드의 이름을 입력하고 조회해야 한다. 비슷해 보이지만 전혀 다른 종류형 펀드(Class Fund)나 시리즈 펀드의 경우 혼동할 우려가 있다. 비슷비슷한 이름으로 혼동스러울 때 쉽게 구분 짓는 한 가지 방법은 펀드 설정일을 이용해서 구분하는 것도 한 가지 방법이다.

✽ 펀드환매

환매(국내형)의 경우에도 가입시와 같이 주식에 50% 이상 투자하는 펀드의 경우 오후 3시 이전에 환매신청을 하면, 다음날 기준가격을 적용받아 그로부터 이틀 후, 환매를 신청한 날로부터 4영업일째 되는 날 출금할 수 있다. 오후 3시 이후에 신청할 경우에는 신청일로부

펀드환매 기간

펀드 종류별 구분		T(당일)	T+1일 (2일차)	T+2일 (3일차)	T+3일 (4일차)	T+4일 (5일차)
주식 50% 이상	3시 이전	환매청구	기준가적용일		환매금지급	
	3시 이후		환매청구	기준가적용일	환매금지급^1	환매금지급^2
주식 50% 미만	5시 이전	환매청구		기준가적용일	환매금지급	
	5시 이후		환매청구		기준가적용일	환매금지급
채권형	5시 이전	환매청구		기준가적용일 환매금지급		
	5시 이후		환매청구		기준가적용일 환매금지급	
MMF	5시 이전	환매청구 기준가적용일 환매금지급				
	5시 이후		환매금지급 기준가적용일 환매금지급			

• ^1, 2 펀드상품에 따라 T+3, T+4일 중에 환매지급 한다.

터 이틀 후 기준가격을 적용 받아 5영업일째 출금할 수 있다.

주식편입 비중이 50% 미만인 펀드는 적용 기준시간이 오후 5시이다. 다만 채권형 펀드의 경우 오후 5시 이전에 환매신청하면 이틀 후 (3영업일) 기준가격 적용과 함께 투자금도 함께 출금할 수 있다.

환매시 수익금을 모두 찾지 못하는 경우가 있는데 환매수수료 부과기간(보통 90일 이내)에 환매신청을 하면 수익금에 대해서 환매수수료를 내야 한다. 특히 적립식 펀드의 경우 혼동이 많이 일어나는데 환매수수료 부과기간이 지난 뒤 환매신청을 하더라도 만기 이전이라면 최근 90일 안에 적립한 금액에 대해서는 수수료를 물어야 한다.

환매수수료는 일종의 벌금과 같은 성격으로서 부과액을 운용사나 판매사가 가져가는 것은 아니고 펀드에 편입해 남아 있는 펀드투자자의 몫이 된다.

✳ 펀드세금

"수익이 있는 곳엔 세금이 있다"는 조세원칙이 여기서도 예외없이 적용된다. 펀드에도 세금이 붙는데 주식차익에 대해서는 비과세(부과하면 증권거래세 등 주식 거래시에 이미 납부되어 이중과세가 됨)이지만, 주식배당금이나 채권이자에 대해서는 수익의 15.4%(이자소득세 14%, 주민세 1.4%)를 세금으로 내야 한다.

또한 세금우대저축을 통해 펀드를 거래한다면 우대세율 9.5%를 적용 받을 수 있다. 세금우대저축의 1인당 한도는 전체 금융기관을 합해 성인(만 20세 이상)은 4,000만 원(2008년 이후 2,000만 원 축소), 미성년자는 1,500만 원, 노인이나 장애인은 6,000만 원이다. 생계형 비과세로 가입할 수 있는 조건은 60세 이상 개인, 장애인, 상이자, 수급자, 독립유공자가 대상이다. 한도는 원금기준 3,000만 원이다.

연금저축 펀드도 세금우대와 소득공제가 가능하다. 비과세는 아니지만 소득세 5%, 주민세 0.5% 등 5.5%의 우대세율이 적용된다. 연금 불입금액의 100%, 최고 300만 원 한도 내에서 소득공제 된다.

✱ 펀드수익률

펀드가 운용되어 얻어지는 기간 수익률은 해당 운용사, 판매사, 자산운용협회 등에서 공지하는 수익률이나 일반자료 등을 통해서 수시로 체크해 볼 수 있다.

그런데 이런 수익률은 거치식을 기준으로 계산된 것이어서 적립식 투자자의 경우 본인의 실제 수익률과 차이가 나는 점을 알아야 한다. 이는 거치식과 적립식의 평균매입 단가가 차이가 남으로써 수익률 차이가 나는 것으로 이해하면 된다.

주식형 펀드의 거치식 · 적립식 수익률 차이 (예)

(단위 = 억원 %)

펀드명	운용사	설정일	수탁액	거치식	적립식
CJ지주회사 플러스주식 1-A	CJ	2007. 01. 15	1,670	66.87	39.13
CJ지주회사 플러스주식 1-C1	CJ	2007. 01. 15	1,550	66.19	38.81
미래에셋 3억만들기 소형주식 1(Class A)	미래에셋(자)	2005. 01. 26	753	65.88	31.53
삼성배당주장기주식 1	삼성	2005. 05. 10	442	56.76	30.33
동양중소형고배당주식 1	동양	2005. 03. 09	591	54.16	42.02
세이가치형주식(종류형) A1	SEI에셋	2006. 10. 17	1,936	51.90	31.58
미래에셋 플래티늄랩주식	미래에셋(자)	2004. 10. 18	776	51.08	31.43
농협 CA아이사랑적립주식 1	농협CA	2005. 05. 02	413	51.47	33.79
미래에셋 디스커버리주식형	미래에셋(자)	2001. 07. 06	9,784	51.45	33.67
미래에셋 드림타겟주식형	미래에셋(자)	2003. 11. 03	390	51.41	32.19

- 수탁액 50억원 이상 21일 임급가정시 수익률 상위 10개 펀드 대상, 7월 5일 기준 수익률
- 적립일을 21일이라고 가정
- 거치식 21일에 입금해야 하나 1월 21일이 일요일이므로 22일 입금으로 처리, 적립식도 휴일이면 익일에 입금 가정
- 휴일을 감안한 적립식 투자 일자는 1월 22일, 2월 21일, 3월 21일, 4월 23일, 5월 21일, 6월 21일

| 자료 : 머니투데이 2007. 7. 9 |

펀드가입 절차

✳ 펀드가입 준비물

펀드에 가입하기로 마음 먹었다면 모든 투자가 그렇듯 직접 실행에 옮길 때 빛을 발하게 되는 법이다. 우선 펀드통장을 만들기 위해서는 주민등록증과 도장, 그리고 투자자금이 필요하다. 투자자금은 보통 1만 원 이상인데, 펀드 종류에 따라서 최소단위가 국내 펀드의 경우 10만 원에서 100만 원까지, 역외펀드의 경우 500달러에서 2,000달러까지 다소 많은 경우도 있다.

사전에 점 찍어둔 펀드가 있다면 최소투자금을 알아보고 가는 것도 두 번 걸음 안 하는 방법이다. 펀드가입은 그간 증권사나 은행지점에서 주로 많이 이루어졌는데 간접상품 취득권유 자격을 가진 보험설계사를 통해서나 인터넷 등을 통해서 가입이 가능하고, 앞으로는 판매채널 다양화 차원에서 사무실이나 집으로 방문을 요청해서 가입도 가능하게 될 전망이다.

✹ 판매회사 방문

가장 일반적인 방법은 역시 판매회사를 방문해서 가입하는 것이다. 펀드상담 창구가 구분되어 있는 곳은 바로 찾으면 되고, 구분이 안 되어 있는 경우는 창구에 문의한다. "펀드에 투자하고 싶은데 저와 궁합이 맞는 펀드가 어떤 것인가요?" 이때 너무 투자금이 적어서, 펀드에 대한 지식이 없어서 고민할 필요가 없다.

투자금이 적은 것은 전혀 문제 될 게 없고, 지식이 적은 것은 상담을 받으면서 이해하면 된다. 펀드를 가입하면서 내는 판매비용 속에는 펀드 상담비가 포함된 비용이니 찬찬히 설명해주기를 요구하고, 설명이 부족하면 굳이 당장 가입할 필요도 없다.

✹ 펀드상담

상담직원은 투자자의 나이나 수입 정도, 가족관계, 투자목적, 투자 기간, 위험 감내 정도 등을 묻게 된다. 이는 완전판매와 투자목적 달성을 위해 필요한 사항이므로 믿고 성실히 말하면 된다. 그리고 이때 자기가 평소 점 찍어둔 펀드상품도 얘기한다. 그러면 펀드 권유자는 몇 가지 펀드투자 포트폴리오를 제시할 것이다.

이런 절차 없이 판매자 얘기만 하면서 특정 상품을 무조건 권유한다면, 이는 투자자 입장을 고려하지 않고 판매에만 급급한 권유자라고 생각하고 다른 판매사를 찾는 게 현명하다.

✽ 투자판단

제시받은 포트폴리오를 꼼꼼히 살펴보고 자기에게 적합한 펀드가 어떤 것인지 판단한다. 한번 결정하면 짧게는 몇 달, 길게는 몇 년을 가져가야 할 상품이므로 신중한 결정이 필요하다. 반드시 그 자리에서 결정할 필요는 없고, 판단이 안 선다면 집으로 가져와서 다시 한번 생각한다던지, 다른 판매사를 들려 두루 살핀 후 비교 판단하는 것도 나쁘지 않다.

✽ 계좌신청

투자 펀드를 결정하였다면 통장개설을 한다. 계좌신청을 위해 수익증권종합통장 및 계좌신규신청서 또는 CMA(종합자산관리계좌 신청서)를 작성해 제출한다. 이때 고객 유의사항이나 HTS를 통한 관리 여부, 세금우대혜택 여부 등 꼼꼼히 묻고 확인한다.

신청서를 작성해 제출하면 고객보관용 신청서를 주는데 잘 보관해야 한다. 또 해당 펀드의 투자설명서도 받아 잘 보관해야 한다. 계좌신청서와 투자설명서는 계약서이므로 이후 예상치 못한 일이 벌어

졌을 때 중요한 근거자료가 된다.

❋ 통장개설

마지막으로 펀드투자금을 건네면 펀드통장(또는 카드)을 만들어준
다. 투자금이 잘 입금되었는지 확인한다. 은행 통장이나 카드와 비
슷하기는 하지만, 조금 다른 점은 오늘 입금하면 실제 펀드에 투자하
는 날은 다음날이 된다. 이는 당일 시세 변동에 영향 받지 않고, 다음
날 공지되는 미래가격으로 펀드에 가입하도록 되어 있기 때문이다.

온라인을 이용한 펀드가입

발달된 통신수단 덕분으로 펀드구조나 내용이 복잡해서 판매사에 방문해서 자세한 설명이 꼭 들어야 할 펀드를 제외한 많은 펀드상품을 직접 대면하지 않고도 기존의 가입계좌를 이용해 전화나 인터넷으로 원하는 펀드에 가입할 수 있다.

온라인으로 가입할 수 있는 펀드에는 두 가지가 있다. 각 중권사가 창구에서 판매하는 펀드상품을 단순히 자사 홈페이지를 통해 판매하는 경우(수수료는 오프라인 판매와 동일 적용)와 저렴한 수수료를 받는 대신 인터넷에서만 판매할 수 있는 인터넷 전용 펀드가 있다.

인터넷을 통한 펀드가입 절차는 이미 인터넷뱅킹이나 사이버트레이딩에 가입했다면 복잡한 절차 없이 이루어진다. 그러나 통장이 없는 사람은 명의 확인 등의 절차가 필요하기 때문에 영업점을 방문해

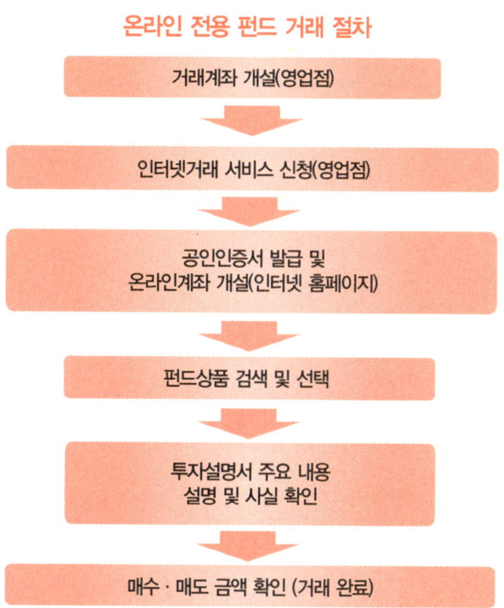

거래계좌를 개설해야 한다.

또한 최근 출시되는 인터넷 전용 펀드의 경우 펀드 판매사가 자기 계열사의 상품뿐 아니라 다른 운용사의 상품까지 홈페이지에 한꺼번에 소개하고 판매하는 상품으로 판매자 입장에서는 펀드 판매비용을 크게 낮출 수 있다.

투자자 입장에서는 적은 비용에다 발품을 크게 들이지 않고 다양한 펀드정보를 한꺼번에 둘러볼 수 있다는 점에서 이득이 있으나 아직은 그 종류가 다양하지 않고 지식이 많지 않은 초보투자자의 경우 세심한 주의가 요구된다.

펀드 판매회사가 투자자들에게 다양한 펀드를 스스로 비교 선택할 수 있도록 홈페이지에 다수의 자산운용사 펀드 상품과 정보를 게재하고 인터넷으로만 펀드를 파는 것을 말한다.

미국은 1992년 온라인 주식거래 중개회사인 찰스슈왑이 '펀드 슈퍼마켓'을 처음 도입해, 당시 최고 연 4~5%에 이르던 주요 판매사의 보수와 수수료를 한꺼번에 연 0.25%로 낮춰 버렸다. 특히 25개 운용사의 펀드 상품 700여 개를 홈페이지에 한꺼번에 배열해 투자자가 자유롭게 펀드를 선택하게 했으며, 구매 뒤에도 수수료 없이 다른 펀드로 갈아탈 수 있도록 해 투자자들로부터 큰 인기를 얻었다.

우리나라도 2009년 실시 예정인 '자본시장통합법' 하에서는 지금처럼 운용사와 판매계약을 맺은 한정된 상품만을 펀드판매회사에 파는 것이 아니라 다양한 상품을 한군데에서 판매할 수 있을 것이다. 마치 여러 회사의 다양한 물건을 파는 슈퍼마켓과 같은 모습으로 한군데 펀드판매회사에서 모든 상품을 취급하는 형태이든지, 판매자격을 갖춘 개인이 여러 회사의 상품을 판매하는 다양한 판매 형태로 이루어질 것이다.

이미 펀드에 대해 잘 알고 있는 투자자의 경우 굳이 상담비용을 들여가며 창구에서 설명을 들을 필요가 없다. 이들은 좀더 저렴하게 다양한 펀드를 만날 수 있다면 가입비용이 적은 방법을 선호할 것이다. 그리고 한 곳에서 여러 운용사의 펀드상품을 비교해 보고 경쟁력 있는 상품을 선택하려는 수요가 늘어남으로써 차츰 운용사들도 경쟁을 하게 될 것이다. 이는 펀드비용(수수료, 보수)은 저렴해지고 투자자에 대한 서비스의 질이 좋아지는 것을 의미한다.

그러나 상품구조가 복잡한 부동산 펀드나 주가연계 펀드, 특별자산 펀드 등의 경우는 상담에 대한 대가를 지불하고서라도 투자상담을 받아야 할 투자상품이다. 펀드 유형에 따른 투자자 스스로의 연구와 공부는 물론 제도적인 투자교육 시스템도 중요함을 인식해야 한다.

다양한 유형의 펀드상품 | 펀드 종류와 펀드 스타일 | 유형에 따른 펀드 종류 | 투자방법에 따른 펀드분류

5장
펀드의 종류와 내게 맞는 펀드 고르기

다양한 유형의 펀드 상품

대부분의 투자자들은 펀드에 가입하기 전에 자신이 가입하려는 상품의 구체적인 성격을 파악하고 자신의 목적에 맞는 것인지 확인하기 위한 노력을 다각도로 기울인다.

펀드를 유지 관리하는 과정에서도 그때그때 자신의 투자목적과 상황에 부합하고 있는지 늘 관심을 가져야 한다.

몇 마디 말로 펀드에 대해 설명하는 것은 불가능하다. 그 대상 범위가 넓어서이기도 하지만 하루하루 변하는 시장 상황에 따라 펀드 성과가 변하고 그 변화는 마치 살아 있는 생물처럼 그날 그날 크기도 변하고 처한 환경도 달라진다.

그 시점에선 최선이라고 선택한 상품도 시간이 경과하면 그 성과물도 다르고, 더 나은 펀드, 그보다 못한 펀드들에 의해 상대적인 평가

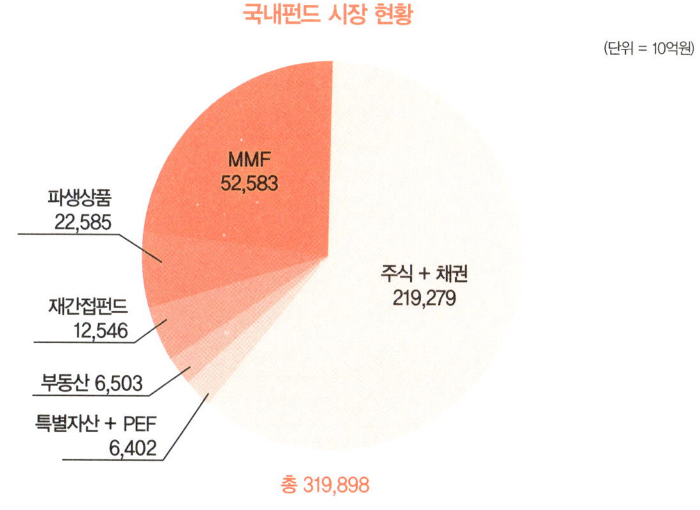

가 계속된다.

펀드는 정기예금과 같은 무위험 확정금리 상품과는 달리 일시적인 위험이 있을 수 있는 투자형 상품이다. 수많은 펀드 중에 자기에게 맞는 상품을 선택하기 위해서는 수익률과 함께 위험도도 중요한 선택기준이 된다.

따라서 리스크를 얼마나 감수할 수 있느냐에 따라 선택해야 할 펀드도 달라져야 한다. 단순히 어떤 펀드가 수익률이 좋고 인기가 있느냐에 따라 선택할 것이 아니라, 투자자 자신의 투자성향과 위험감수 수준을 고려하여 펀드를 선택해야 한다.

이를 위해 펀드의 장단점과 투자 포인트에 대한 확실한 개념 정리가

펀드의 구분 및 유형별 특징

투자국가	국내펀드	한국의 주식, 채권 등의 유가증권에 투자
	해외펀드	한국을 포함한 해외의 투자자산에 투자
투자대상	투자증권	증권거래법상의 유가증권(주식, 채권), CP, CD 등
	파생상품	투자증권, 선물, 옵션, 스왑, 장외파생 등
	부동산	부동산관련 주식채권, 매매, 지상권, 임차권 등
	실물자산	부동산, 금, 원유, 농산물, 철광석, 금속 등
	기 타	보험증권, 각종 권리 등
회사규모 (국내 자본금)	대형주	증권선물거래소 시가총액 100위 이내 기업
	중형주	시가총액 101위~300위 기업
	소형주	301위 초과 기업
	성장주	재무구조가 우량하고 성장 가능성이 큰 주식
스타일(국내)	가치주	경기변동에 둔감한 내재가치 우량주식에 투자
	배당주	고배당주(배당성형이 우량한 주식)에 투자하는 펀드
	공모주	증시에 새로 상장하는 공모주를 주로 편입하는 펀드
주식투자비중	주식형	주식편입비율이 60% 이상인 펀드
	혼합형	주식편입비율이 60% 미만인 펀드로 채권과 병행 운용
	채권형	채권으로만 운용하는 펀드
투자방식	적립식	적금처럼 일정시점에 주기적으로 불입하는 펀드
	거치식	목돈을 한번 불입하거나 부정기적으로 불입하는 펀드

필요하다. 펀드 유형은 주식투자비율에 따라 크게 MMF, 채권형 펀드, 주식형 펀드, 혼합형 펀드로 구분되며, 투자방법에 따라 거치식, 적립식으로 구분된다.

각 유형에 따라 투자 포인트가 달라지므로 자신의 상황에 맞게 투자하는 것이 중요하다.

펀드 종류와 펀드 스타일

우리는 펀드를 선택할 때 주변의 이미 투자하고 있는 사람들의 얘기, 언론매체에서 소개하는 Top 펀드 등에 그 선택의 초점을 맞추는 것이 보통이다.

그러나 이런 선택은 장님이 코끼리 만지듯 속 내막을 알지 못하고 겉

주요 펀드 유형과 특징

종류		내용
주식형 펀드 (주식편입비율 60% 이상)	액티브형 (성장형)	주식편입 70% 이상
	배당형	주당예상 고배당주 투자
	인덱스형	KOSPI 지수 등 인덱스에 투자
	해외펀드	역내외펀드, 재간접펀드
채권형 펀드	국내외채권 신용등급별	금리변동에 의한 평가차익
MMF	입출금의 자유로운 초단기 채권형 펀드	
실물펀드	선박, 부동산, 농공산물 등	

만 보고 투자하는 형태가 되고, 판매하는 측 역시 차분히 설명할 만한 여지를 줄임으로써 구조적으로 불완전매매가 되기 쉽다.

저축의 시대에서 투자의 시대로 이제 막 문을 연 우리나라에서 펀드는 재테크 시장의 중심축이 될 것으로 전망된다. 이럴 때 펀드의 유형과 성격, 특질 등을 잘 파악해 실전투자에서 자기궁합에 잘 맞는 펀드를 찾아내고 선택해나 나간다면 좋은 성과를 기대할 수 있을 것이다.

✳ 펀드 종류

펀드는 크게 주식형, 채권형, MMF형, 실물펀드 정도로 나눌 수 있다. 다른 나라도 마찬가지이지만 한국도 펀드투자 성향을 보면 주식형이 가장 큰 부분을 차지하고 있다. 특히 최근 들어서는 해외시장에 관심을 많이 갖게 된 투자자들이 세제혜택까지 보게 됨으로써 해외펀드에 자금이 많이 몰리고 있다.

전체 투자자산에서 7:3 정도의 비율로 국내에 70%, 해외에 30%라는 기본 분산 비율에 따라 분산투자하는 것이 바람직하다. 분위기에 휩싸여 잘 알지 못하는 외국시장에 지나치게 높은 비중을 둔다면 만일에 사태가 발생했을 때 환매기간이 국내형에 비해 두 배(8일 정도)에 이르는 등 빠른 대처를 하지 못해 큰 낭패를 보는 경우도 생길 수 있다.

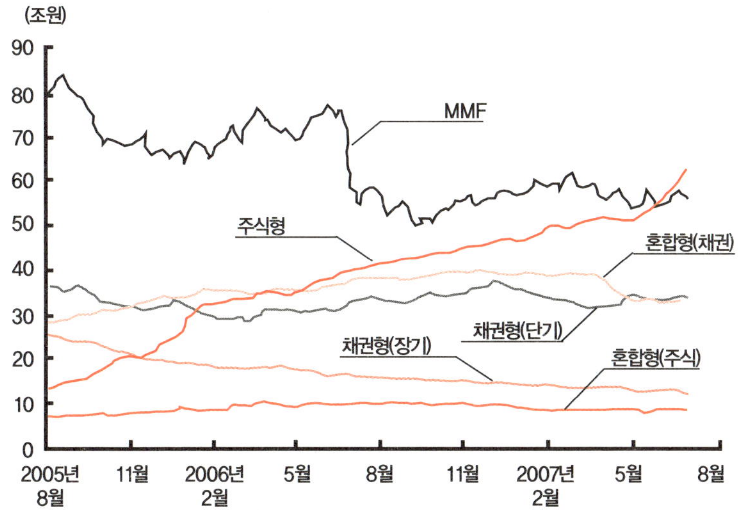

✳ 펀드 스타일

옷을 고를 때도 보면 계절별, 치수별, 색깔별, 형태별, 제조회사별, 브랜드별로 각각의 성격과 목적에 따라 다양한 선택을 할 수 있듯이 펀드 역시 다양한 상품 유형과 특색을 가지고 있어 투자자들에게 폭넓은 선택 기회를 제공해 주고 있다.

반면 시장이 시시각각 변함에 따라 펀드 또한 하루가 멀다 하고 생멸(生滅)을 거듭한다. 그렇다고 해서 매번 환매하고 가입하고를 반복할 수도 없다. 따라서 처음 펀드의 포트폴리오를 짤 때 가입시점에 눈에 들어오는 상품보다는 본인이 마음먹은 투자기간 경과 후에 해당 펀드의 모습을 생각하고 골라야 한다.

펀드는 기본적으로 중장기적인 투자를 기본으로 하는 재테크 상품이다. 투자 자산 전체의 안정적인 목표수익률과 위험노출 축소라는 면을 염두에 두어야 한다.

또한 포트폴리오에 편입하는 상품의 종류도 본인의 투자금액에 적당한 개수로 정해야지 너무 많은 종류를 가지고 있다 보면 관리가 번잡할 뿐만 아니라 상품 간 수익률도 상계(相計)되는 등 그리 좋은 성과를 얻지 못할 때가 많다.

분산이 투자의 원칙이기는 하나, 그 점에 얽매여 니무 많은 종목에 나누어서 투자하다 보면 투자의 색깔이 불분명해지고, 차라리 대형 인덱스에 가입하고 수수료를 아끼는 것만 못한 결과를 얻기도 한다. 분산투자도 때론 다이어트가 필요하다.

유형에 따른 펀드 종류

✽ MMF

MMF(Money Market Fund)는 주로 단기금융자산(단기채권, 기업어음, 양도성예금증서, 콜 자금 등) 에 투자해 수익을 올리는 단기투자신탁이다. 주로 안정적인 채권이나 유동성 자산에 투자하는 상품 유형으로 주식투자 부분이 전혀 없기 때문에 원금손실의 위험은 거의 없다. MMF는 입출금이 자유롭다는 점에서 은행의 MMDA와 유사하다. MMDA는 가입시 금리가 정해지는 확정금리 상품이고 MMF는 운용 실적에 따라 수익이 달라지는 실적배당상품이라는 차이가 있다.

주식에는 투자하지 않으므로 위험이 적고, 입출금이 자유로우면서 안정적인 수익을 기대할 수 있다. 반면에 다른 펀드보다 투자기간이 짧고 상대적 수익률도 낮다. 출금시에는 별도의 수수료는 내지 않아도 된다. 단 확정금리상품이 아니라 실적배당상품이므로 시중금리보다 조금 높은 수익을 낼 수 있다.

1년 이상의 중장기투자에는 적합하지 않고, 1년 미만의 단기투자에 적합하다. 또한 단기금융자산에 주로 투자하기 때문에 단기금리 상승폭이 장기금리 상승폭보다 클 때 투자하는 것이 유리하다.

MMF는 필요한 시기에 즉시 인출이 가능하므로 투자원칙 중 환금성 원칙을 실행하는 데 좋은 상품이다. 운용성과에 따라 수익이 결정되는 실적배당상품으로 간접투자자산 운용법에 의해 투자자산이 보호된다.

✳ 채권형 펀드

채권형 펀드는 주식에는 전혀 투자하지 않고 채권에 60% 이상 투자한 후, 그 운용수익을 투자자에게 배분해 주는 실적배당상품이다. IMF 이전과는 다르게 채권시가평가제의 시행에 따라 주식형 펀드처럼 수익률 격차가 많이 날 수도 있게 되었다.

주식편입비율이 전혀 없으므로 손실위험이 적으나, 채권시가평가제에 의해 펀드에 따라서 수익률 차이가 날 수도 있고, 흔하지는 않지만 원금 손실이 날 수도 있음을 유의해야 한다. 위험 회피적 투자자에게 적합한 상품이다.

채권시가평가제의 도입으로 운용실적이 운용사마다 펀드매니저마다 크게 달라질 수 있으므로 채권형 펀드가 항상 정기예금 금리 이상의 수익을 가져다줄 수 있는 것은 아니다.

따라서 투자할 때에는 판매사가 제시한 예상수익률보다는 투자설명서를 참고해 펀드매니저의 운용실적이나 투자 철학 등을 잘 살펴서 투자해야 한다.

기본적으로 채권에서 발생하는 이자소득이 높은 금융소득 종합과세 대상자에 해당하는 사람들에게는 불리한 경우도 발생하므로 이점 주의해야 한다. 다른 펀드와 마찬가지로 운용성과에 따라 수익이 결정되는 실적배당상품이며, 간접투자자산 운용법에 의해 투자자산을 보호한다.

펀드에서 회사채에 투자할 경우 펀드매니저는 아래 회사채 등급에 기준해 펀드 내 편입비율을 조정한다

회사채 등급 현황		
투자적격	AAA	원리금 지급능력이 최상급
	AA	원리급 지급능력이 우수하지만 AAA보다 열위
	A	우수하지만 경제여건 등에 따라 영향을 받을 수 있음
	BBB	양호하지만 상황에 따라 지급능력이 저하될 가능성 있음
투자부적격 (투기등급)	BB	당장 문제는 없지만 투기적인 요소를 내포하고 있음
	B	지급능력이 부족하고 투기적이며 이자지급이 불확실함
	CCC	현재 불안요소가 있고 채무불이행 위험이 커 투기적임
	CC	CCC 등급에 비하여 불안요소가 더욱 큼
	C	채무이행 가능성 희박
상환 불능	D	부도나 화의 등으로 채무이행 불능 상태

• AA부터 B까지는 등급내에서 +나 − 기로호 구분 가능

✳ 하이일드 펀드

주식형보다 낮은 위험으로 채권형보다 높은 수익을 달성할 수 있는 유형이다. 신용등급 BB+이하의 투기등급 채권(정크본드, 하이일드 채권)에 일정 부분 투자하는 펀드이다. 하이일드 펀드가 제시하는 기대수익률은 대체로 6%대로서 은행의 확정 이자율보다 조금 높은 수준에 불과해서 '고수익 고위험 펀드'라는 홍보문구가 적절한지는 의문이다. 실제로 이 펀드의 큰 장점은 세금혜택이 아닌가 한다.

그러나 금융상품에 돈을 많이 가지고 있는 부자들의 경우 이자소득의 최고 38.5%를 세금으로 내야 한다. 금융소득 종합과세제도 때문이다. 이런 상황에서 하이일드 펀드에 적용되는 6.4%(소득세 5%, 농특세 0.9%, 주민세 0. 5%) 분리과세는 부자들에게 큰 매력이 아닐 수 없다.

하이일드 채권형 펀드

고수익 · 고위험 펀드 세제혜택	
펀드 개요	자산의 60% 이상을 채권에 투자하는 펀드로서 10% 이상을 투기등급에 의무적으로 투자하는 펀드
세제 혜택	BB⁺ 등급 이하 채권 편입비율이 10% 이상인 펀드에 1년 이상 가입
혜택 내용	1인당 1억까지(투자원금 기준) 최장 3년간 분리과세 적용 (소득세 5% + 농어촌특별세 0.9% + 주민세 0.5%) 종합과세 대상에서 제외 1년 이내 환매시 일반과세(세제혜택 없음), 개인만 세제혜택 있음

1억원 투자시 세후수익 개선효과			
구분	저율 분리과세에 따른 세후 수익 개선효과		
	당펀드 투자시	분리과세 투자시	종합과세시
적용 세율	6.40%	15.40%	28.60%	38.50%
세전수익률 5.5%시		50만원	122만원	177만원

| 자료 : 우리 CS자산운용 |

✳ 주식형 펀드

주식형 펀드는 주식에 신탁자산의 60% 이상을 투자한 후 그 운용수익을 투자자에게 배분하는 실적배당형상품이다. 2007년 5월말 현재 총 펀드수 8,755개 중 주식형이 990여 개에 달하고, 해외주식형 펀드 수도 138개이다. MMF나 채권형 펀드와 달리 주식편입비율이 높기 때문에 원금 손실위험이 상대적으로 크지만 주식시장이 좋으면 상당히 높은 수익률을 올릴 수 있는 상품이다.

주식형 펀드는 기본적으로 주식에 투자하는 비율이 높기 때문에 가입 후 주식시장이 좋아지면 상대적으로 채권형 펀드보다 높은 수익을 올릴 수 있다. 반면 주식가격이 하락하면 손실이 크게 발생한다. 그러나 운용사나 펀드매니저는 주식시장이 하락할 때 손실을 최소화할 수 있는 전략을 가지고 운용할 것이므로 일반투자자가 직접 투자할 때보다는 위험관리를 철저히 한다고 하겠다.

주식형 펀드 중 특히 거치식의 경우 리스크가 큰 만큼 수익도 크게 기대할 수 있으므로 공격적인 성향의 투자자에게 적합한 펀드유형이다. 다만 주식형이라 하더라도 적립식으로 가입할 경우에는 가입시점이 크게 중요하지 않아 위험중립형 투자자도 무난한 상품이다. 거치식 펀드의 경우 일정시점에 고수익을 달성할 수 있지만, 지나치게 장기간 놔두면 주가하락으로 수익률이 떨어질 수 있으므로 자신이 기대하는 목표 수익률에 도달하면 유연하게 차익 실현에 나서는

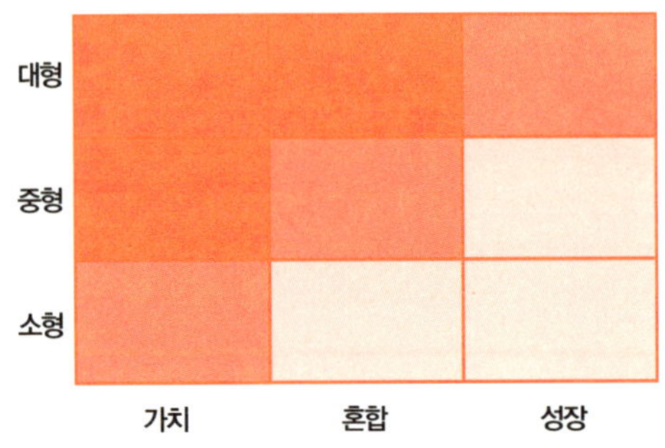

것도 나쁘지 않은 방법이다.

또 주식형 펀드는 '성장주 펀드, 배당주 펀드, 가치주 펀드' 등 그 성격에 따라 투자스타일이 다르므로, 자신의 스타일에 맞는 펀드를 선택하는 것이 유리하다. 아울러 금융소득 종합과세 대상자에 해당하는 투자자에게도 유리하다.

한편 주식형 펀드는 주식의 매매차익으로 인한 이익에 대해서는 세금이 부과되지 않으며 운용성과에 따라 수익이 결정되는 실적배당 상품으로 간접투자자산운용법에 의해서 투자자산이 보호된다.

✳ 혼합형 펀드

혼합형 펀드는 주식편입 비율에 따라 주식혼합형과 채권혼합형으로 나누어진다. 주식혼합형은 주식 등에 주로 투자해 주식편입비율이 60% 이내에서 증시 상황에 따라 주식편입비율을 조절하는 펀드다. 채권혼합형은 채권 등에 투자하고 주식 등에는 50% 미만만 투자하는 펀드다. 주식혼합형은 주식에 많이 투자하므로 채권혼합형보다 위험이 큰 반면 더 높은 수익을 기대할 수 있다.

주식시장 상황에 따라 주식, 채권파생상품 등을 적절하게 배분해 투자비율을 조절함으로써 안정적인 이자소득, 배당소득 및 매매차익을 동시에 추구할 수 있다. 그러나 주식편입 상품이므로 주가의 변동, 금리변화 등으로 인한 위험도 있다.

혼합형 펀드는 주식형 펀드보다는 위험성은 적고, 채권형 펀드보다는 수익성이 높다. 따라서 위험중립형 투자자에게 적합한 상품이다. 혼합형 펀드 역시 운용성과에 따라 수익이 결정되는 실적 상품이며 간접투자 자산운용법에 의해 투자자산이 보호된다.

✳ 해외펀드

펀드 분산 차원에서나 국내시장에서 얻을 수 없는 투자 메리트를 찾아 해외에 관심을 갖는 투자자가 계속 늘고 있다. 국내시장보다 더 높은 수익을 기대하고 신흥시장이나 안정적인 측면에서 선진국 시장을 노크한다. 이제는 해외투자가 큰돈을 가진 사람이나 특별한 정보를 가진 사람들만의 전유물이 아니라, 누구나 어렵지 않게 접근할 수 있게 되면서 선택의 단계라기보다는 자신의 포트에 하나쯤 편입하고 있어야 하는 필수적인 유형의 상품이 되었다.

해외펀드는 특정 지역의 주식, 채권, 실물자산 등에 투자하는 방식과 재간접 투자형식인 펀드오브펀드(fund of funds) 방식이 있다.

해외펀드는 자신의 투자금액을 올인해 투자하는 것은 바람직하지 않고, 어디까지나 안정성에 기초해 전체 투자금액에서 30% 정도의 비중으로 운용하는 것이 적절한 비율이라 하겠다. 해외펀드는 그간 국내투자에만 묶여 있던 투자자에게 다양한 상품을 선택할 수 있도록 하는 매력이 있다. 그러나 국내펀드와 달리 투자지역, 투자대상 성격 등을 세심히 고려할 필요가 있다. 국내에 비해 정보의 접근성에 한계가 있고, 그에 대한 대처도 늦을 수밖에 없다는 점도 또한 고려할 점이다.

일반적으로 성장형, 위험감수형 투자자의 경우는 신흥 이머징마켓,

해외펀드 투자 5계명

1 거액 투자를 삼가라
현장 정보에 접근하기 어려워
변화 대처 능력이 현저히 떨어진다.

2 넓은 지역에 분산하라
선진국과 개발도상국을 조합한다.
초보자는 '글로벌 펀드'가 적당

3 환율 위험을 고려하라
초보자는 환 위험 해지(회피)를
하는 것이 좋다.

4 3년 이상 장기투자하라
세계 경기 사이클이 한 차례
회전하기를 기다린다.

5 '국가'보다 '기업'을 보라
투자기업보다 주가가 올라야
펀드 수익도 좋아진다

| 자료 : 동아일보 참조 |

보수안정형 투자자의 경우는 글로벌 자산배분형 또는 선진국 시장에 투자하는 상품이 좋을 듯하며, 투자기간은 중장기적인 관점에서 3년 이상일 때 적당하다. 투자상품은 투자할 곳의 경제상황, 정세, 환율 추이를 살피고 환헤지 여부도 고려할 사항이다.

그러나 환헤지 문제는 투자기간과 투자성향에 따라 꼭 해야 하는 것인가 하는 부분에서 각자의 생각과 목적이 다르므로 투자자 각 개인이 결정할 사항이다.

최근 들어서 개인투자자에게 관심을 많이 받는 재간접펀드의 경우 인지도가 높은 외국의 운용사들이 과거 좋은 수익률을 낸 펀드들을 모아 놓은 종합세트와 같아서 안정성이 상대적으로 우수한 편이다.

해외펀드를 선택할 때는 국내펀드를 선택할 때보다 고려할 점이 더

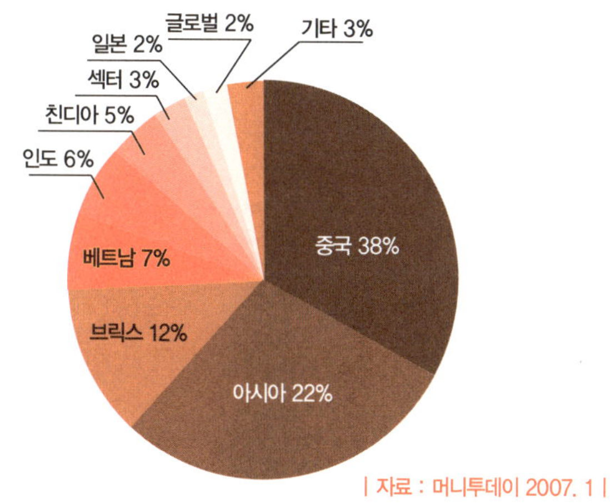

| 자료 : 머니투데이 2007. 1 |

있는 만큼 세심하게 살펴야 한다. 수익률, 환헤지, 수수료, 환매 등 여러 가지 상황을 고려해야 하기 때문에 판매사를 직접 방문해 충분한 상담과 검토 후에 가입토록 한다.

✱ 리츠(REITs)

'부동산투자신탁'이라고 한다. 우리나라에는 IMF 구조조정 때 기업의 비업무용 부동산을 처리하기 위해 처음 도입되었다. 초기에는 기업의 비업무용 부동산투자가 대부분이었다.

최근 들어서는 투자수익을 낼 수 있는 모든 부동산에 투자하고 있다. 아파트가 많이 오를 때는 아파트에 투자하고, 상업용 부동산이 오를 때는 빌딩, 임대형 부동산 등 다양한 형태의 투자가 이루어지고 있다.

리츠는 금융권의 모든 은행에서 취급하며 최소 신탁금액은 1,000만 원 이상으로 해외부동산신탁의 경우 은행마다 차이는 있으나

부동산 펀드와 리츠의 비교

구분	부동산 펀드	리츠
근거법	간접투자자산운용업법	부동산투자회사법
발행증권	수익증권	주식
자산운용	자산운용회사	자산관리회사
현물 출자	가능	30%까지 가능
투자대상	부동산, ABS, 개발사업, 프로젝트 파이낸싱 등	부동산, 오피스빌딩 등
투자자 보호	수익자 총회, 공시제도	주주총회, 공시제도

10~20만 원 이상이라면 가능하다.

부동산 시장은 여러 가지 요인에 의해 움직이므로 지금의 가치평가 기준이 미래에도 적용되리라는 보장은 없다. 그러므로 리츠 투자시는 부동산 정책, 부동산 동향, 부동산 트렌드, 투자물건 분석, 운용사 등을 면밀히 살펴 위험요인은 적게 하고 수익률을 극대화할 수 있도록 선택해야 한다.

✳ 장기주택마련 펀드

장기주택마련 펀드는 무주택자나 소형주택을 가진 가구주가 주택마련을 위해 장기투자하는 상품으로 모든 이자소득세와 배당소득세를 면제해 준다. 18세 이상이고 무주택자이거나 85㎡(25.7평) 이하 1주택 소유주로 배우자나 부양가족이 있는 가구주만 가입할 수

장기주책마련 저축 vs 장기주책마련 펀드

구분	유형	장마저축	장마펀드
공통점	가입자격	가입자격은 동일, 세대주여야 함. 2006년까지만 한시적 가입가능	
	세금	5년 이상 불입시 비과세	
	소득공제	불입금액의 40%인 최대 300만원까지 공제	
차이점	운용기관	모든 시중은행, 수협, 저축은행 일부	운용사
	판매기관	모든 시중은행, 수협, 저축은행 일부	은행, 증권사, 투신사
	운용수수료	없음	있음
	금리	확정금리(가입후 3년 후 변동금리)	실적배당형
	최고금리	5% 내외(수협 5.2%로 최고)	SH운용펀드 1년 53% 수익률

| 자료 : 제로인 |

있다.

장기주택마련 펀드는 가입 후 7년 이상 유지해야 이자소득세가 전액 비과세되며 연간 불입액의 40%, 최고 300만 원까지 소득공제를 받을 수 있다. 다만 소득공제를 받기 위해서는 5년 이상 가입해야 한다.

✳ 원자재 펀드

원자재 펀드는 원자재에 투자하는 펀드이다. 원자재(commodity)란 원유 등 에너지, 원자재나 광업, 철이나 동과 같은 기초금속, 금이나 은과 같은 귀금속, 설탕이나 커피와 같은 기호품, 옥수수나 쌀과 같은 곡물 등 다양한 자산을 의미한다.

원자재는 주로 공산품의 원자재나 식량으로 사용되며, 공급은 제한되어 있는 상황에서 중국, 인도 등 거대한 인구를 가진 국가들이 최근 급성장함으로써 가격 또한 큰 폭으로 상승하였다. 원자재 가격의 상승은 이에 투자한 펀드의 수익률 상승과 연결되어 높은 수익률을 얻게 되어 투자자들의 관심을 끌고 있다.

원자재 펀드는 주식이나 채권에 투자하는 전통적인 투자펀드와 상관관계가 낮아 분산투자효과가 크고 역사적으로 물가가 상승할 때 수익률이 좋아서 인플레이션이 우려되는 시기에는 특히 관심을 끄는 펀드유형이다.

✱ 멀티클래스 펀드

멀티클래스(Multi-Class) 펀드는 2004년 10월에 처음 출시됐고 지난해 들어 본격화했다. 처음엔 운용사별로 형태가 중구난방이었지만 지난해 하반기부터 수수료 부과 형태에 따라 A, B, C 등으로 명칭을 통일하기로 했다. 지난해 말 현재 전체 주식형 펀드 중 32.6%가 이 같은 멀티클래스 형태로 출시돼 있다.

일정 비율을 판매수수료로 미리 떼어가는 펀드는 A형, 선취수수료는 없지만 정해진 기간 내에 환매하면 높은 판매수수료가 부과되는 B형, 선취나 후취수수료가 모두 없는 게 C형이다. 선취와 후취 수수료를 다 내는 것은 D형이라 부른다. 최근 출시상품은 A형과 C형이 주류를 이루고 있다.

그럼 이들 유형은 각각 어떤 투자자에게 적합할까. 보통 펀드 보수율은 투자기간이 길고 투자금액이 클수록 낮아지게 마련이다. 통상 클래스 C가 연간 신탁보수율이 가장 높은 편이다.

2~5년 정도 장기투자를 고려하는 투자자라면 처음에 한 차례 판매수수료를 내더라도 매년 떼어가는 신탁보수가 낮은 A형이 낫다. 아예 운용사가 정한 기간 안에 환매할 가능성이 전혀 없는 장기투자자라면 B형도 유리하다. 반면 상황에 따라 환매할 필요가 있는 단기투자자라면 연간 보수는 좀 높더라도 앞뒤로 수수료가 모두 없는 C형이 유리할 수 있다.

최근엔 같은 유형이라도 납입금액이 크면 보수가 낮아지도록 세부 유형을 두기도 한다.

❋ 스타일 펀드

스타일 펀드는 유사한 특성을 가진 종목군이나 업종에 집중해 투자하는 펀드를 말한다.

스타일 펀드에는 자본금의 크기에 따라 대형주 펀드와 중소형주 펀드, 주식의 밸류에이션과 성장 전망 등에 따라 가치주 펀드와 성장주 펀드, 특정 산업에 집중 투자하는 섹터 펀드, 특정 지역에 집중 투자하는 지역 펀드, 가치주의 한 분류로 구분되는 배당주 펀드, 기타 공모주 펀드, 인덱스 펀드 등으로 구분한다.

스타일 펀드를 투자할 때는 펀드의 스타일 즉, 투자원칙과 집중투자 대상이 무엇인지를 파악해야 한다. 투자자는 이를 통해 펀드의 위험 정도를 예측해서 자신의 투자 성향에 맞춘 펀드 스타일을 선택한다. 덧붙여 스타일이 일관되게 유지 되는지 여부와 향후 장세 전망과 시장수익률을 초과할 수 있는 가능성 등을 검토한 후 결정하는 것도 잊지 말아야 한다.

❋ 파생상품 펀드

이 펀드는 전통적인 펀드 유형이라 할 수 있는 주식형, 혼합형, 채권형, MMF와는 다른 대안투자 성격의 펀드 유형이다. 투자자산의 10% 이상을 위험회피가 아닌 투자 목적으로 파생상품에 투자하는 펀드를 말한다. 대표적인 상품으로는 주가연계펀드(ELF) 및 종합주가와 비슷한 수익률을 추구하는 인덱스 펀드 등이 있다.

상장지수 펀드(Exchange Traded Funds : ETF)

상장지수 펀드란 종합주가지수가 오른 만큼의 수익률을 추구하는 인덱스 펀드를 주식처럼 실시간으로 시장에서 매매할 수 있도록 만든 펀드를 말한다. 즉 인덱스 펀드와 동일하게 KOSPI 200 지수와 같은 수익률을 내도록 설계되어 있으며, 거래소에 상장되어 주식과 마찬가지로 매매가 자유롭기 때문에 환금성도 매우 높다.
일반적으로 종합지수와 동일한 수익률을 얻으려면 인덱스 펀드에 가입하거나 주가지수선물에 투자해야 한다. 그러나 ETF 제도를 도입하여 소액의 자금으로 종합주가지수 수익률의 복제가 가능해져서 개인투자자들에게 유용한 투자수단이 되고 있다.

투자방법에 따른 펀드 분류

✽ 거치식 펀드

투자방법에 따른 펀드의 종류는 일단 적립식과 거치식으로 나누어진다. 그러나 요즘은 적립식, 거치식, 자유적립식으로 나누기도 한다. 적립식은 말 그대로 일정 금액을 매달 나누어 내는 것인 반면 거치식은 한번에 투자금을 넣는 방식을 말한다. 적절한 시기에 가입해서 원하는 시기에 환매해 수익과 손실을 따져보고 성과를 측정하면 되는 것이므로 목돈을 가지고 투자하는 방법으로는 가장 간편하다고 할 수 있다.

✽ 적립식 펀드

불과 10여년 전만 해도 돈을 모아가는 가장 적절한 수단은 저축, 특히 은행의 예금, 적금이었다. 연 10%대의 예·적금 이자에 근로자 우대저축 등 정부정책으로 세금까지 깎아준다면 더 할 수 없이 좋은 재테크 수단이었다.

봉급을 받는 사람들은 봉급의 일정 부분을 차곡차곡 모아 목돈을 만들어 차도 사고, 결혼 밑천도 하고, 집도 장만했다. 그 시절엔 부지런히 일하고 저축만 꼬박꼬박 하면 재테크에 대해 따로 신경을 쓸 것이 없었다.

이제 시대가 바뀌어 두 자릿수의 금리는 지난 시절의 꿈같은 얘기가 되었다. 연 6%대 이자를 은행에서 주겠노라고 하면 어디에 있었던 돈인지 구름처럼 몰려 예금하려는 사람들을 제한해야 할 지경이다. 저금리 시대의 도래는 비단 우리나라만이 아니고 전 세계적인 흐름이다.

특별한 사정이 없는 한 이 흐름은 당분간 지속될 것이다. 펀드는 이러한 시대에 투자자의 욕구를 충족시킬 유용한 투자수단으로 인정받고 있다.

■ 효과

첫째, 마치 깨지기 쉬운 계란을 계란판에 나누어 보관하듯 적절한 종목분산투자를 함으로써 갑작스런 위험을 줄이는 완충 효과가 있다.

둘째, 가입기간 동안 투자시점을 분산해 투자함으로써 평균비용효과(Dollar

Cost Averaging)로 위험을 감소함으로써 위험은 줄이고 안정적 수익을 노린다. 셋째, 장기투자가 단기투자에 비해 수익이 높다는 것은 그간 경험에 의해 증명된 바 있다. 적립식으로 투자하게 되면 단기투자에서 오는 변동성 위험을 줄여주는 효과가 있다.

■ 단점

적립식으로 펀드에 투자하더라도 꼭 수익이 나는 것은 아니다. 가입시점보다 환매시점까지 지속적으로 가격이 많이 떨어진 경우 본전을 까먹을 수도 있고, 강세장의 경우 거치식에 비해 수익이 저조한 점이 있다.

적립식 펀드 판매 추이

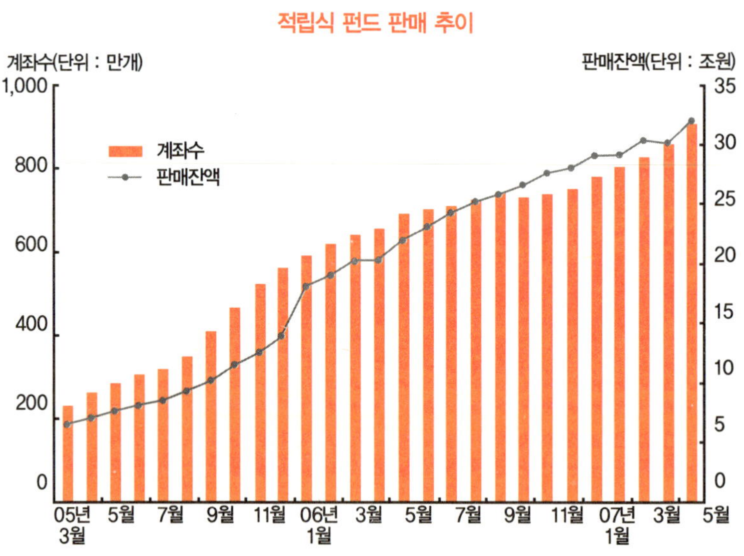

■ **선택**

상품선정, 적절한 투자상담, 적절한 기준가격평가, 가입시점, 환매시점 관리 등을 투자자의 입장에서 귀 기울이고 방향을 제시해 줄 수 있는 사람을 우선 근처에서 찾을 필요가 있다. 가까운 사람 가운데 없다면 판매사(은행, 증권사) 직원 중에 믿을 만한 사람이 있는지 찾도록 한다.

둘째, 본인이 어느 정도의 위험을 감내하고 투자할 수 있는지 스스로에게 묻고 펀드 유형을 선정한다.

펀드는 주식형, 채권형, 혼합형 등 투자되는 유형에 따라 펀드의 위험대비 수익률이 다르다. 위험이 높더라도 높은 이익을 원한다면 주식형 펀드로, 안정성향 투자자라면 채권형 펀드에 가입한다. 그러나 중간 정도의 투자성향이라면 여러 가지 유형을 합한 혼합형이 무방하다.

다음 표는 남녀별, 연령대별, 소득별로 연평균 어느 정도 수익을 기대하고 투자하는지 나타내는 표이다. 여기서 특이한 점은 남자보다는 여자가, 나이가 많을수록, 소득이 적을수록 기대하는 수익률이 크다는 것을 알 수 있다.

이는 풀어서 얘기하면 기대수익이 높은 만큼 위험은 더 높게 노출된

연평균 기대수익률 비교

(단위 = %)

주식형에 10년 투자한다고 가정할 때 연평균 기내수익률		5~10%	10~15%	15~20%	20~30%	30% 이상
성별	남	4	42	30	14	11
	여	3	27	31	20	19
연령대	29세 이하	4	34	31	19	12
	30~39세	4	43	28	13	12
	40~49세	2	34	35	15	13
	50~59세	1	39	29	16	16
	60세 이상	5	29	33	10	24
연간 가구소득	2,500만원 미만	4	30	32	20	14
	2,500~5,000만원 미만	4	41	31	14	11

| 자료 : 제로인 |

다는 것이니 이를 스스로 자문해볼 필요가 있다.

셋째, 펀드평가회사나 펀드평가 자료를 활용한다.

은행이나 증권사를 찾아 펀드 상담을 받는 것이 보통이나 결국 그곳은 판매하는 판매회사이고, 객관적인 평가는 객관적 시각을 갖는 곳에서 이루어져야 한다.

펀드평가회사 홈페이지 등을 이용하거나 자산운용협회(www.ama k.or.kr) 등 펀드를 객관적으로 평가해줄 만한 곳을 찾아 수시로 평가 데이터를 조회해보고 내린 판단에 근거해서 투자관리를 한다면 위험은 줄고 수익은 많아질 것이다.

국내 대표적인 펀드평가회사로는 펀드닥터(www.funddoctor.co. kr), 모닝스타코리아(www.morningstar.co.kr) 등이 있다.

■ 관리의 8가지 포인트

펀드를 주식 거래하듯 지나치게 잦은 매매를 하는 것도 문제지만 투자상품을 장롱 속에 넣어두고 관심을 갖지 않는 것도 문제이다. 펀드는 기본적으로 투자상품이다. 단순히 가입하는 것으로 펀드투자가 끝나는 것이 아니고 지속적인 관심과 관리가 필요하다.

적립식펀드 가입자들이 특히 자신의 투자금이 어떻게 투자되고 있는지에 대해서 잘 살피지 않는 경우가 많다.

펀드에 대한 기본 개념이 적고 정기적금처럼 오래두면 높은 수익을 올린다고만 생각할 뿐 언제 운용보고서가 오는지, 어떻게 읽어야 하는지, 뭘 보고 계속 불입할지 환매할지를 모르는 경우가 흔하다. 이 점은 적립식투자뿐 아니라 어떤 펀드에 투자하더라도 투자상품을 관리해나가는 데 유념해야 할 관리 포인트이다.

첫째, 자신이 가입한 적립식 펀드의 유형과 자산운용회사를 알아야 한다.

주식편입비율은 주식시장의 상황에 따라 펀드의 손익에 큰 영향을 미치는 핵심요인이다. 자신의 펀드가 주식형이라면 해당 운용사가 최근 어떤 운용 철학으로 운용되고 있는지, 편입한 주식편입비율은 어느 정도이고 어느 회사에 투자하고 있는지 최소 한 달에 한번이라도 찾아보는 노력을 해야 한다.

주식시장에 등록된 주식 가운데 어떤 종목에 투자하고 있는지, 업종별로는 어떤 비중으로 나누어 투자하는지 등을 신문기사나 기타 자료를 인용한 전망과 견주어보고 과연 미래를 위해 내가 투자하는 방향이 맞는지 생각봐야 한다.

주식형 펀드의 경우 운용 성과를 쉽게 가늠해 볼 수 있는 방법 하나가 종합지수와 비교해 보는 것이다. 여타 산업 부분에서도 산업별 지수와 비교해봄으로써 운용성과를 간접적으로 확인해 볼 수 있다.

적립식 펀드들의 경우 펀드 간에 구분되는 운용방식에서 크게 차이가 있지는 않다. 그러나 다른 펀드의 운용성과를 비교해 봄으로써, 자신이 가입한 펀드의 운용 성과가 어느 정도인지 가늠해 볼수 있다.

가입한 펀드에 대해서 가장 자세한 정보를 담고 있는 것이 운용보고서이다. 지난 3개월 동안 펀드운용 성적표이자 기록표이다. 운용보고서에서 특히 중점적으로 봐야 할 점은 주식종목, 편입자산비율,

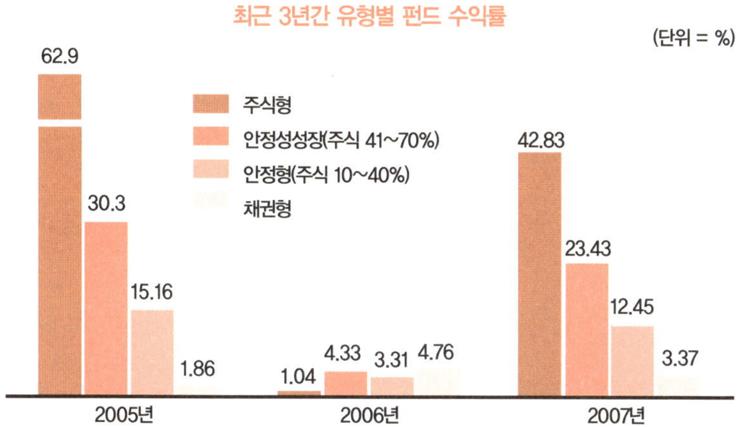

벤치마크 대비 성과 측정 부분이다.

여섯째, 큰 수익보다 안정적이고 지속적으로 수익을 내고 있는가.

적립식 펀드는 원금 대비 몇 배의 수익을 안겨주는 대박상품이 아니다. 가급적 위험성은 줄이면서 안정적인 성과를 얻겠다는 투자방법이다. 낮은 수익률이라도 꾸준히 성과를 내고 있는지를 살펴야 한다.

중국과 인도는 석유, 철광석 등 세계 주요 원자재 시장에서뿐 아니라, 국제 금융시장에서 블랙홀처럼 세계 자본을 흡수하고 있다. 지난해 중국과 인도로 각각 630억 달러, 247억 달러의 외국인 직접투자(FDI)가 빨려 들어갔다.

이들 나라에 대한 외국인 증시 투자도 급증하고 있다. 한국도 예외는 아니어서 해외펀드자금의 상당 부분이 이곳으로 몰리면서 '쏠림 현상'까지 빚어지고 있다. 국제 헤지펀드 자금 등 해외자금들이 아시아로 집중하고 있는 와중에 특히 중국은 제조업을 기반으로, 인도는 서비스 산업과 소비시장을 중심으로 세계 자본을 유혹하며 세계 유동성 지도를 다시 그리고 있다.

2007년 9월말 상하이와 선전 증시를 합친 중국 본토 증시 시가총액은 3조 3,700억 달러에 달했다. 이는 2006년 중국 GDP의 1.2배 규모로서 엄청난 속도로 증가하고 있다. 홍콩 H증시를 포함하면 일본 증시를 넘어 아시아 최대 자본시장이다. 특히 상하이종합지수는 내국인 주식투자 열풍에다 글로벌 자금까지 가세하며 연일 최고치를 경신하고 있다.

한편 인도 금융시장의 양적 팽창도 중국 못지 않은데, 주식시장 상장 종목수로는 이미 중국을 능가한다. 인도 금융의 상징인 뭄바이증권거래소에는 무려 4,800여 개 종목이 상장돼 있다. 뭄바이 증시 선섹스지수는 2003년 이후 4년간 연평균 40% 상승했다. 중국에 비해 아직은 자본시장 규모가 작지만, 성장 잠재력이 크다는 것이 전략가들의 대체적인 전망이다.

인도 증시의 급성장은 외국인 투자가 가장 큰 요인인데, 지난해 인도 주식시장에서 외국인 순매수 규모는 2002년보다 16.6배나 늘었다. 경제발전 단계에서 인도가 중국보다 다소 뒤졌다고는 하나, 잠재력에선 오히려 앞선다는 분석도 많다.

소비하는 인구보다 생산하는 인구가 많은 까닭에 1992년부터 10년간 연평균 5.5% 성장을 이뤄냈고, 지난 4년 동안 평균 8.4% 고도성장을 하고 있다. 이제 인도가 중국과 더불어 글로벌 경제에서 자본시장과 소비시장의 중심지가 될 것이라는 사실을 부인하는 사람은 별로 없다.

펀드 위험지표에는 어떤 것이 있나 | 내 펀드 평가 | 펀드 공시 활용

6장

펀드의 위험지표와 평가

펀드 위험지표에는 어떤 것이 있나

펀드는 다른 투자상품과 달리 단순히 수익률만 높다고 해서 좋은 것은 아니다. 펀드를 선택할 때는 수익률도 물론 중요한 선택기준이지만 다양한 위험지표를 따져봐야 한다.

현재 수익률이 높다고 해도 그것은 지난 지표일 뿐 앞으로 항상 높은 수익을 보장하는 것은 아니다. 비록 현재 최고의 수익률은 아니더라도 상위권을 꾸준히 지키는 펀드가 바람직하다.

❋ 표준편차

가장 대표적인 위험지표로서 수익률의 변동성(연 환산)을 뜻하는 것이다. 수치는 작을수록 좋다. 최근의 국내 주식형 펀드의 표준편차는 9~19%까지 다양하게 나타나고 있다. 이는 다시 말해 수익률의 변동폭이 9~19% 범위 내에서 움직였다는 의미이다. 수익률이 높은 펀드는 대개 표준편차도 높은 수치로 나타나는데 이는 '고수익 고위험'의 관계를 보여주는 것이라 하겠다.

예를 들어, 최근 전체 주식형 펀드의 평균편차는 15.27%인데 다음에 예로 든 한국삼성그룹적립식1 ClassA 경우 1년 표준편차 15.6%, 수익률 51.62%를 기록했다(p172 표 참조, 2007년 7월 9일 현재). 같은 시기 한국밸류10년투자주식1은 1년 표준편차 11.37%, 수익률 74.11%, 봉쥬르차이나주식1은 표준편차 19.09%, 수익률 71.94%를 기록했다. 한국삼성그룹적립식과 봉쥬르차이나주식1을 비교할 때 봉쥬르차이나의 경우 수익률이 높은 만큼 표준편차도 크다는 것을 알 수 있다.

✳ 베타계수

또 하나의 중요한 지표가 베타(β)계수이다. 종합주가지수와 같은 '시장지수 상승률과 주식형 펀드 간 상관관계'를 나타낸 것이다.

베타계수가 1이면 펀드수익률이 종합주가지수 상승률을 그대로 반영한다는 것이고, 1보다 높으면 그만큼 시장수익률을 상회한다는 것을 의미한다. 반대로 1보다 작거나 마이너스 값이면 시장수익률보다 펀드수익률이 떨어지거나 반대로 마이너스 수익률을 보인다는 뜻이다.

다음 표에서 한국삼성그룹적립식주식1 ClassA 경우 1.1%를 기록했다. 같은 시기 봉쥬르차이나주식1의 경우 1.37%이고, 동양중소형고배당주식1은 0.82%, 한국밸류10년투자주식은 0.71% 등으로 나타났다. 여기서도 해당 기간 중 한국삼성그룹적립식과 봉쥬르차이나를 비교해 보면 봉쥬르차이나가 베타 수치가 커서 시장흐름에 반응함을 의미한다.

✽ 샤프지수

펀드가 한 단위의 위험자산에 투자함으로써 얻은 초과수익 정도를 나타내는 지표이다. 샤프지수는 수익률을 표준편차로 나눈 값으로 '1'이라는 위험을 부담하는 대신 얻은 대가, 즉 초과수익이 얼마인

위험 통계량

한국삼성그룹적립식1 classA

(기준일 : 2007년 7월 9일)

	1년(52주)			2년(104주)			3년(156주)		
	펀드	%순위	동일유형	펀드	%순위	동일유형	펀드	%순위	동일유형
수익률(연환산 %)	51.62	36	50.7	62.19	4	45.19			54.44
표준편차(연환산 %)	15.6	93	13.36	19.91	94	17.42			16.59
샤프	0.34	75	0.39	0.27	11	0.23			0.25
트레이너	0.67	48	0.68	0.66	8	054			0.57
알스퀘어	76.17		94.76	84.92		96.35			95.5
베타	1.1		1.05	1.12		1.04			1
알파	0.05	50	0.06	0.18	7	0.05			0.06
RRAR	0.02	37		0.17	11				

| 자료 : 제로인 |

가를 측정하는 지표이다. 따라서 지수값이 높으면 높을수록 운용이 효율적이고 투자성과가 성공적이라고 할 수 있다.

앞의 표에서 한국삼성그룹적립식주식1 ClassA 경우 0.34%를 나타냈다. 같은 시기 한국밸류10년투자주식1은 0.63%, 동양중소형고배당주식1은 0.57%를 나타냈다. 샤프지수를 기준으로 보면 해당 기간 중 한국밸류10년투자주식이 한국삼성그룹적립식보다 운영이 효율적이라 할 수 있다.

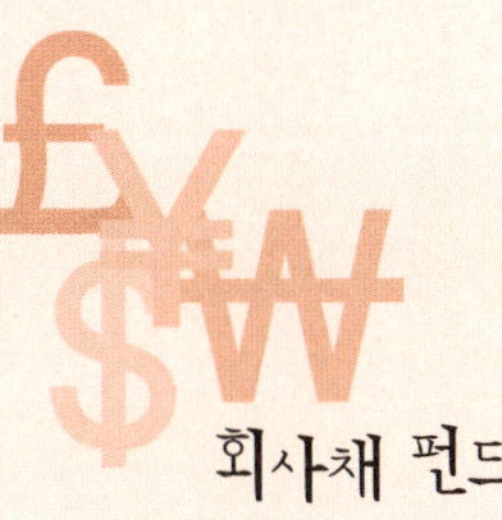

회사채 펀드

회사채 펀드는 상대적으로 금리가 높은 회사채를 편입함으로써 국공채에 비해 높은 수익을 추구하는 채권형 펀드이다. 국공채 펀드와는 달리 편입채권의 신용등급이 낮아 부도 가능성이 있고, 기업의 영업환경 악화시 신용등급 하락 가능성이 있기 때문에, 어느 정도 위험을 감수하면서 은행예금이나 국공채보다 높은 수익을 얻고자 하는 투자자에게 적합한 펀드이다.

내 펀드평가

본인이 가입한 펀드에 대해 가장 정확한 판단자료는 자산운용보고서다. 자산운용사들은 매분기 결산이 끝나면 펀드투자자들에게 운용보고서를 보내준다. 투자자들은 이를 보고 투자한 펀드가 잘 운용되고 있는지 병원에서 건강검진 결과를 체크하듯 펀드의 건강상태를 점검해야 한다.

하지만 펀드지식이 적은 투자자가 보기에는 우선 용어도 낯설고 어려운 단어들이 많은 것이 애로점이다. 실제로 운용보고서를 받아보면 그 안에 '장내파생상품, 특별자산, 미결제약정금액, 위탁증거금, 미수입금, 미수배당금' 등 전문용어들이 나열되어 있는데, 이런 전문용어들이 보이면 작심하고 알려고 했던 의욕이 꺾인다. 그래도 투자하고 있는 이상 알아야 할 용어들이고 한번 알아두면 늘 반복돼서 나오는 용어들인 만큼 찾아서 익혀두기 바란다.

✱ 수익률

운용보고서에서 제일 먼저 확인할 사항은 수익률이다. 펀드운용보고서를 통해 해당 분기 수익률뿐 아니라, 기간수익률(1개월, 3개월, 6개월, 1년…)을 살피고 꾸준한 수익이 나는지 살펴본다.

보고서의 수익률은 한 달 이전의 거치식 펀드의 결산시점을 기준으로 계산되어 펀드 전체의 수익률을 나타낸 것으로 실제 자신의 수익률과는 차이가 나거나, 적립식의 경우 기간 수익률 면에서 차이가 날 수 있다는 것을 알아야 한다.

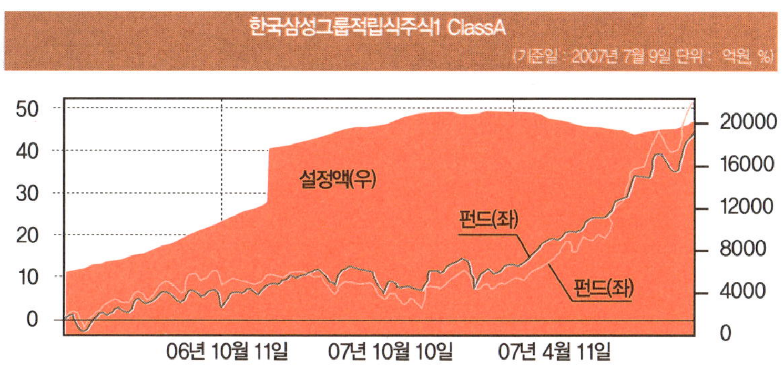

	1개월	3개월	6개월	1년	3년
펀드	11.13	34.96	43.41	51.47	
유형	8.62	29.07	40.17	50.63	164.69
벤치마크	7.37	24.07	33.90	43.75	

| 자료 : 제로인 |

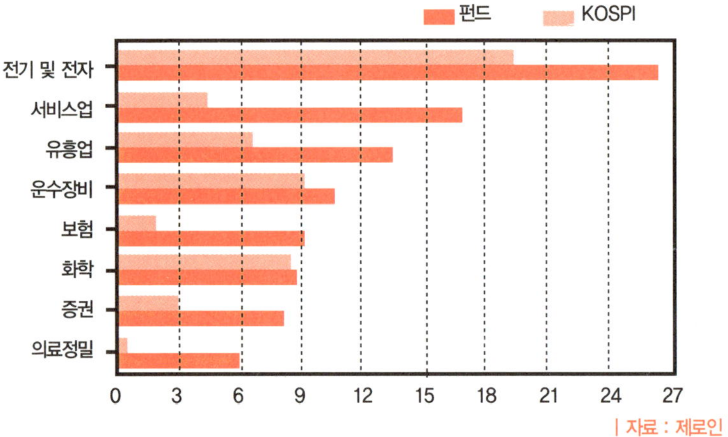

주식내	주식내 비중	KOSPI 대비	동일유형 대비	월간수익률
전기 및 전자	26.29	6.79	7.53	2.77
서비스업	17.03	12.39	12.13	9.09
유통업	13.71	7.08	5.15	9.13
운수장비	10.64	1.45	1.21	7.60
보험	9.18	7.17	6.17	2.68
화학	8.84	0.25	−3.20	13.69
증권	8.26	5.24	4.24	12.48
의료정밀	6.05	5.64	4.89	3.78

비슷한 유형의 펀드와 비교함으로써 자신이 가진 펀드의 운용 상태를 알 수 있는데 일차적인 잣대가 벤치마크 수익률이다.

전체적으로 Kospi200이라든가 해당 업종 지수, 해당 펀드(예 : 한국삼성그룹적립식1 ClassA)가 속한 유형평균 등이 벤치마크(BM)지수 기준이 된다.

✽ 펀드전략

펀드투자의 전략과 특징도 점검사항이다. 펀드는 투자전략과 펀드매니저의 운용스타일에 따라 수익률이 크게 달라진다. 처음 정한 투자전략과 원칙이 지켜지는지 살펴본다. 운용사의 변동사항이나 펀드매니저의 이직, 잦은 직원이동 등도 고려할 사항이다.

✽ 펀드 수탁액

펀드를 얼마나 빈번히 사고팔았나 하는 매매회전율도 하나의 지표라 할 수 있다. 어떤 것이 좋다고 단정지어 말할 수는 없지만, 빈번한 매매가 매매비용을 증가시키기는 하나 적극적인 매매라는 측면에서 긍정적이라 할 만하다. 그러나 장기투자가 속성인 펀드의 성격상 지나치게 잦은 매매는 그 내용을 점검하고 자신이 생각하는 투자방향과 맞는지 판단해봐야 한다.

또 하나 펀드의 건실성을 알 수 있는 방법으로, 새로 가입한 사람은 적은데 해지한 사람이 늘어 좌수(운용액)가 급감한다면 원인이 무엇인지 살펴봐야 한다.

✽ 펀드운용보고서

(펀드운용보고서 핵심 점검사항)

■ 펀드기간 수익률 ➜ 수익률 변화 점검

자 산 운 용 보 고 서

◆ 투자신탁명 : 한국분류10년투자주식투자신탁1호   펀드코드 : 06101
◆ 종   류 : 주식형
◆ 운용 기간 : 2006.10.18-2007.01.17

1. 투자신탁의 개요

최초설정일	2006-04-18	투자신탁기간	12개월 단위 결산/추가형 투자신탁
자산운용회사	한국밸류자산운용	판매회사	한국투자증권
수탁회사	하나은행	일반사무관리회사	아이티스
투자신탁의 특징	주식편입비가 70% 이상인 주식형펀드로 기업의 내재가치 대비 저평가된 주식에 투자하는 가치투자를 운용철학으로 하여 지속적 초과수익 추구		

2. 투자신탁(투자회사)의 현황

(단위 : 백만원, %)

자산총액		223.124	투자총액		1.959
순자산		221.165	기준가격	원가법	978.90
				시가법	1,084.69

3. 자산구성 현황 및 비율

(단위 : 백만원, %)

구분	투자증권			현지대출 및 예금	파생상품		부동산	실물자산	간접투자증권	특별자산	기타자산	자산총액
	주식	채권	CD		장내파생상품	장외파생상품						
금액	210.987	0	0	4.948	0	0	0		0	0	7.189	223.124
비율	96.24%	0.00%	0.00%	1.53%	0.00%	0.00%	0.00%		0.02%	0.00%	2.22%	100%

4. 자산보유 및 운용현황

- 벤치마크 대비 수익률 ➜ 인덱스, 동일 유형 대비 점검

- 펀드투자전략 및 철학 ➜ 지속성 점검

- 편입종목 ➜ 투자방향과 일치하는가

- 매매상황 ➜ 매매회전율이 투자원칙에 맞는가

- 펀드매니저 ➜ 자리이동, 투자전략의 연속성

- 펀드설정액 ➜ 급감은 적신호

펀드 공시 활용

일반 상장기업이 금융감독원 전자공시 홈페이지에 주요 사항이 발생할 때마다 올린 공시를 투자자들이 확인하듯 펀드 역시 공시를 활용해 그 내용을 확인할 수 있다.

자산운용협회 홈페이지(www.amak.or.kr)에 접속해 우측상단에 있는 전자공시 메뉴에 들어가면 펀드에 관한 정보를 자세하게 얻을 수 있다. 자산운용협회 전자공시 홈페이지 첫 화면에는 매일매일 올라오는 주식형, 채권형, MMF 등 펀드유형별 자금유입 동향을 살펴볼 수 있다.

투자자들의 가장 큰 관심 사항인 운용실적과 펀드 기준가격 등락 등도 이곳 운용실적 공시라는 메뉴로 들어가면 알 수 있다. 펀드판매사와 설정일, 운용보수료 등 펀드의 기초사항도 나와 있다. 보다 싼 수수료와 보수료를 찾기 원하면 기준가격 및 등락 메뉴로 들어가서 보수 및 비용메뉴로 확인할 수 있다.

펀드공시를 통해 자신이 가입한 펀드정보를 틈틈이 살피고, 개별 펀드들이 어떻게 운용되는지를 살펴가며 관리한다면 보다 나은 성과를 얻을 것이다.

부록

꼭 알아야 할 펀드용어
자산운용사와 투자자문사
홈페이지

꼭 알아야 할 펀드용어

✳ 가치주

성장주(growth stock)와 대비되는 개념이다. 성장주가 현재가치에
비해 미래의 수익이 클 것으로 기대되는 주식인데 비해 가치주는 성
장성은 더디지만 현재가치에 비해 저평가된 주식을 말한다.

주가지수가 투자심리 위축 등으로 크게 떨어지는 시기에 가치주가
많이 생겨나는데, 가치주는 성장주에 비해 주가변동폭이 크지 않아
주로 방어적인 투자자들이 선호한다. 성장주가 첨단산업 관련 업종
에 많이 속해 있는 데 비해 가치주는 기업의 수익이 급격하게 변하지
않는 업종에 속한다.

✻ 거치식

투자를 목돈으로 하는 펀드투자방식이다. 일정한 금액을 정한 기간 동안 투자하기로 하고 펀드에 가입하되, 만기시 한꺼번에 투자한 금액을 찾는 방식과 매월 수익금 중 일부분을 찾는 분배형 방식의 두 가지 형태가 존재한다.

✻ 공모

자본금을 늘리거나 회사를 새로 설립할 때 불특정 다수 일반인(증권거래법상 50인 이상)을 대상으로 신주를 발행해 공개모집하는 것을 말한다. 주주나 특정 거래처, 은행 등에 신주를 인수할 수 있는 권리를 주는 사모와는 반대되는 개념이다.

사모의 경우 대개 발행주체가 스스로 발행위험을 부담하고 발행 사무를 직접 행하는 직접발행 형태를 취한다. 그러나 공모는 직접발행에 따른 사무 처리의 번잡을 피하고 직접모집 능력의 부족과 발행위험의 부담을 피하기 위하여 발행주체가 발행기관(중개인)의 도움을 받는 간접발행 방식을 주로 이용한다.

공모는 주주층을 넓히고 주식을 분산할 수 있는 장점이 있다. 발행할 때 기존 주주의 이익을 해치지 않기 위해 프리미엄을 붙여 공모가격을 정하는 사례가 많다.

❋ 공사채형 수익증권

수익증권은 투자하는 대상에 따라 공사채형과 주식형으로 나눈다. 고객의 돈을 조금이라도 주식에 투자하면 주식형으로 분류되고, 주식에는 투자하지 않고 채권에만 투자하는 상품은 공사채형이라 한다. 공사채형 수익증권은 국공채, 회사채, 기업어음(CP) 등에 투자한다. 주식형에 비해 상대적으로 안정적인 수익이 보장되지만 채권이 부도가 나면 원금에 손실이 생길 수도 있다.

환매수수료를 물지 않는 시점에 따라 단기, 중기, 장기형으로 구분한다. 보통 단기형과 중기형은 6개월을 기준으로 나뉘며, 장기형은 1년 이상 자금을 예치할 경우 환매수수료를 내지 않아도 된다.

❋ 과표기준가격

펀드투자자에게 이자소득세나 배당소득세를 부과하기 위해 따로 산출하는 기준가격을 말한다. 산출된 과표기준가격은 기준가격과 함께 매일 공시된다.

❋ 국공채 펀드

국공채 펀드는 국가에서 발행하는 채권과 공사채권에 투자하는 펀드를 말한다. 투자상품이므로 원금손실 발생 위험은 있지만 국가에서 발행하는 채권이므로 일반적인 회사채보다는 위험성이 훨씬 덜

하다고 할 수 있다. 국공채 펀드는 수익성보다는 안정성에 초점을 맞
춘 투자상품이다.

✳ 금융자산관리사 (FP : Financial Planner)

고객의 투자규모와 투자성향 등을 분석해 종합적인 자산운용 전략
을 수립해 주거나 고객으로부터 투자를 일임 받아 자산을 운용해 주
는 금융전문가를 말한다. 자문 또는 운용대가로 투자금액의 일정 비
율을 수수료로 받는다. FP 시험과목은 고객관리업무, 자산관리업
무, 법률 및 세제, 자산운용 및 전략 등 4개 과목이다. 과락 없이 70점
이상 획득해야 합격한다.

✳ 기관투자가 (institutional investor)

기관투자가는 개인투자자의 상대적 개념이다. 투자신탁회사, 은행,
증권사, 종금사, 신용금고, 연기금, 농수축협 등의 투자가를 총칭한
다. 법인세법에서는 기간투자가들에게 상장법인으로부터 받은 배
당소득의 익금불산입 혜택을 주고 있을 뿐 아니라 주식매매 거래에
있어서 증거금을 면제해준다.

법인세법에서는 기관투자가는 법인세법 시행령 제23조 제3항에 명
시되어 있다. 증권투자신탁업법상의 위탁회사, 은행법에 의한 금융
기관, 보험법에 의한 보험회사, 증권회사, 단기금융회사, 종합금융

회사, 상호신용금고 등으로 되어 있다. 기관투자가는 위탁 유가증권 투자에서 발생하는 이익을 주 수입원으로 하여 운영되는데 일반투자자보다 월등한 자금력과 정보력으로 주가에 큰 영향을 주고 있다.

❋ 기본적 분석 (fundmental analysis)

증권을 분석함에 있어 증권의 내재가치를 발견하고 이 내재가치와 시장가격을 비교함으로써 특정한 투자전략을 택하려는 기법이다. 내재가치(intrinsic value)란 증권의 본질적 요인에 기초한 가치로 정의되며, 기업의 수익이나 배당력, 대차대조표 항목, 경영가치 등의 기본적 요소를 기초로 증권의 현재가치를 평가한 것이다.

❋ 기술적 반등 (technical rally)

주가는 변동이 심할 때 추세선과 반대방향으로 단기간에 3분의 1 또는 3분의 2 정도 반작용을 보이는 경향이 있다. 하락세가 급격할 때는 단기적으로 반등현상이 나타나는데 이를 기술적 반등 또는 자율반등이라 한다. 반대로 급격한 상승이 이루어질 때 단기적으로 떨어지는 것을 기술적 반락이라 한다.

❋ 기업어음 (Company Paper)

기업들이 단기운전자금을 조달할 목적으로 발행하는 약속어음을 말한다. 신용등급 C등급 이상인 적격기업이 이자 지급액만큼 할인해서 발행한다.

✳ 기업연금 (Corporate Pension)

퇴직연금이라고도 하는데, 기업이 퇴직하는 종업원들에게 연금 또는 일시금을 지급하는 연금제도를 말한다. 국민연금과 같은 공적인 연금제도를 보완해서 근로자의 노후생활보장을 강화하기 위한 사적연금 제도이다. '확정급여형(DB)'과 '확정기여형(DC)' 두 가지가 있다.

연금 급부액이 일정액 또는 퇴직시 급여의 일정비율로 사전에 정해져 있는 것이 확정급여형, 사전에 기업주의 연금 갹출액은 정해져 있지만 퇴직시 받을 일시금 또는 연금 수령액수를 미리 알 수 없는 것을 확정기여형이라 한다.

✳ 기준가격 (Net Asset Value)

수익증권의 매매기준이 되는 가격이다. 펀드의 운용결과 얻어지는 총자산에서 비용을 공제한 신탁재산 순자산총액을 잔존 수익증권 총좌수로 나누는 것이다. 펀드가 투자한 주식이나 채권 등의 가격이 바뀜에 따라 매일매일 기준가격이 변동한다. 수익증권의 기준가격은 보통 1,000원에서 시작되고 뮤추얼펀드는 5,000원에서 시작된다. 기준가격이 1,100원이라면 10%의 수익률이 발생했다는 말이다.

✳ 내재가치 (intrinsic value)

증권의 본질적 요인에 기초한 가치이다. 다시 말해 증권의 미래이득을 요구수익률(위험도를 반영한 할인율)로 할인하여 얻어진 자본 환원 가치이다. 즉 그 증권을 소유함으로써 얻게 될 미래의 현금흐름을 충분한 정보에 의해 예측하고, 그 흐름의 위험도와 알맞은 할인율로써 미래의 기대 현금흐름을 자본으로 환원하여 그 증권의 현재가치를 구한다.

일반적으로 증권의 내재가치는 기본적 분석에 사용된다. 증권의 내재가치가 시장가격보다 높은 경우에는 증권을 매입하여 자본이득을 얻을 수 있고, 내재가치가 시장가치보다 낮은 경우에는 증권의 매각을 통해 자본손실을 피할 수 있다.

✳ 노로드 펀드 (No Load Fund)

판매수수료가 없는 펀드를 말한다. 일반적인 펀드가 운용수수료와 펀드수수료를 따로 부담하게 하는 데 반해 운용보수와 약간의 판매 관련 비용만 부담하게 하는 비용이 매우 저렴한 펀드이다. 운용사가 직접 판매하는 펀드가 많은데 이는 판매에 관련된 비용을 줄일 수 있기 때문이다.

✳ 단위형과 추가형

펀드를 일정 규모로 만든 뒤 만기까지 추가납입을 받지 않고 운용하는 상품이 단위형이다. 만기 때까지 펀드규모가 일정하게 유지된다. 단위형은 신탁계약기간이 정해져 있고 추가설정을 할 수 없으며 중도에 환매를 청구할 수 없다. 목표수익률을 달성하면 그 즉시 원리금이 상환되는 스팟펀드(spot fund)가 대부분 단위형 상품이다. 추가형은 언제든지 투자자들이 펀드에 추가로 맡길 수 있다. 따라서 시간이 길수록 펀드규모가 커지게 된다.

✳ 듀레이션 (Duration)

채권의 만기를 각 기간에 들어오는 현금흐름의 현재가치로 가중하여 합한 가중평균 만기를 말한다. 즉 채권투자액의 현재가치 1원이 상환되는 데 소요되는 평균기간으로 매콜리에 의해서 개발되었다. 듀레이션을 이용하여 채권가격의 이자율 탄력성을 구할 수 있다. 따라서 듀레이션은 채권의 이자율 위험을 나타내는 척도로 사용된다. 어떤 채권의 이자율 탄력성은 듀레이션과 비례한다.

따라서 시장이자율이 앞으로 상승할 것으로 예상되면 투자자는 듀레이션이 짧은 채권을 선택하는 것이 채권가격의 변화로 인한 자본손실을 줄일 수 있다. 듀레이션은 표면금리, 만기, 수익률에 의해 결정되는데 일반적으로 표면금리가 높을수록, 또한 만기수익률이 높을수록 듀레이션은 짧아진다.

✱ 랩 어카운트 (Warp Account : 자산종합관리계좌)

여러 종류의 자산운용 관련 서비스를 하나로 묶어서(wrap) 고객의
기호에 맞게 제공하는 자산종합관리계좌를 말한다. 투자자가 증권
회사에 돈을 맡겨 자산운용에 대한 계약을 맺으면 그에 따라 증권회
사가 자산을 대신 운용해준다. 현재 증권사 브로커 업무와 자산운용
회사 및 투자자문회사가 하고 있는 위탁운용업무의 중간업무에 해
당된다.

증권회사에 돈을 맡기면 증권회사가 알아서 주식, 채권, 기입어음
(CP), 뮤추얼펀드 등으로 포트폴리오를 구성하여 운용해준다. 수수
료는 투자자산의 일정 비율(통상 3~5%)로 결정되며, 별도의 증권매
매 수수료는 내지 않는다. 종류는 크게 컨설턴트 랩과 뮤추얼 랩의
두 가지로 구분된다. 컨설턴트 랩은 증권사가 주식투자 등을 자문하
거나 투자자문사를 골라주는 것이며, 뮤추얼 랩은 뮤처얼펀드나 수
익증권을 증권사가 골라주는 것이다.

✱ 리츠

모둠형 신탁의 정식명칭은 'Real Estate Investment Trusts'의 약
자로 REITs(리츠), 혹은 부동산투자신탁이라고 한다.

✽ 매출식 펀드

자산운용사가 일정한 자본금을 설정해 미리 펀드를 만든 다음 투자자들에게 판매하는 펀드를 말한다. 가장 일반적인 펀드 판매 방식이다.

✽ 매칭 펀드(Matching Fund)

투자신탁회사가 국내 투자자들과 외국 투자자들을 대상으로 수익증권을 발행하여 모은 자금으로 국내증권과 해외증권에 동시에 투자하는 펀드를 말한다.

투자신탁회사를 통한 간접적 방법에 의해 외국 투자자들에게는 국내 증권투자를, 내국인에게는 해외 증권투자를 할 수 있는 기회를 부여한 펀드이다. 해외투자 비중과 국내투자 비중을 여건에 따라 탄력적으로 조정할 수 있다.

✽ 멀티클래스(Multi-Class) 펀드

일정 비율을 판매수수료로 미리 떼어가는 펀드는 A형, 선취 수수료는 없지만 정해진 기간 내에 환매하면 높은 판매수수료가 부과되는 B형, 선취나 후취 수수료가 모두 없는 게 C형이다. 선취와 후취 수수료를 다 내는 것은 D형이라 부른다. 최근 출시상품은 A형과 C형이 주류를 이루고 있다.

✱ 모자형(母子形) 펀드

한 개의 모(母)펀드가 여러 종류의 자(子)펀드를 거느리는 형태의 펀드를 말한다. 자펀드들은 주식, 채권, 혼합형 등의 다양한 형태로 만들어지지만, 여러 개의 자펀드 내에 있는 자산을 모펀드가 한데 모아 운용하는 제도이다. 이것의 도입 취지는 자산운용사들이 설정액이 적은 펀드를 통합 관리함으로써 효율성을 높이기 위함이다.

✱ 모집식 펀드

일정한 투자금액이 필요한 단위형 펀드에서 펀드금액을 모으기 위한 방법이다. 펀드를 만들기 전에 공개적으로 모을 투자금과 운용방법을 알리고 자금을 모으는 방법을 모집식이라 한다.

✱ 뮤추얼 펀드(Mutual Fund)

뮤추얼 펀드는 돈을 모아서 기금을 마련해서 주식투자를 하는 회사를 의미한다. 법적으로는 독립된 회사이지만 실제로는 회사가 아니다. 페이퍼 머니(paper company)라고도 하며 펀드매니저가 독립된 회사처럼 모든 것을 관리한다. 그렇게 하는 이유는 금융회사와 분리된 별개의 법인이기 때문에 투자손실이 나도 금융회사는 책임지지 않는다. 쉽게 말하면 펀드매니저가 기금을 조성해서 하나의 투자회사를 만들어서 투자하고 수익을 나눠 갖는 것이다

✸ 배당금 (dividend)

주식회사가 기업 활동을 하고 얻은 1년간의 성과물인 순이익을 주
주들이 보유한 주식수에 따라 분배해주는 돈을 말한다.

✸ 배당소득세 (dividend income tax)

배당소득세란 법인의 이익이나 잉여금의 배당 또는 자본전입으로
인한 무상주식 등 배당소득이 발생한 경우에 부과되는 세금을 말한
다. 배당소득에 대해서는 20%의 세율을 적용하여 원천징수하는 것
으로 납세의무가 종결된다.

그리고 근로자의 재산형성 촉진을 위해 조세감면규제법에 의해 세
율을 10%로 경감해주는 배당소득도 있는데(1996년 1월 1일 이후 최
초 발생하는 소득부터 시행) 이에 해당되는 것에는 ① 근로자 장기저
축, 근로자 장기증권저축, 대통령령이 정하는 근로자 증권저축에서
발생하는 배당금 ② 우리사주조합원이 받는 배당소득으로서 대통
령이 정하는 것 등이 있다.

✸ 배당주 펀드

배당주 펀드는 배당 성향(배당금을 순이익으로 나눈 것)이 큰 종목에
집중 투자하는 펀드다.

✸ 베타(Beta)

펀드의 위험지표로서 시장 전체의 수익률 변동에 대한 펀드 수익률
의 민감도를 말한다. 주식형 펀드의 경우 해당 펀드의 수익률과 종합
주가지수 변동을 비교하여, 베타값이 1보다 크면 주가지수 변동률
보다 펀드 수익률 변동이 크다는 것이고, 1보다 작다면 펀드 수익률
변동이 주가지수 변동률보다 작다는 의미이다.

✸ 변동성(volatilty)

펀드의 위험지표로서 일정기간 동안 펀드의 수익률이 변화한 폭을
말한다. 주로 표준편차라는 통계치로 측정되는데 평균수익률 중심
으로 위아래로 크게 변화할수록 변동폭이 크고 변동성이 크다면 펀
드가 투자위험성이 높음을 의미한다.

✸ 변액보험(Varible Insurance)

보험료의 일부를 보험사나 설계사가 갖는 사업비로 떼고, 나머지는
펀드를 통해 주식이나 채권 등에 투자한 실적에 따라 나중에 받게 되
는 보험금이 달라지는 실적배당형 상품이다.
상품 종류는 투자실적에 따라 사망보험금 액수가 달라지는 변액종
신보험, 투자실적에 따라 연금 액수가 달라지는 변액연금보험, 펀드
운용수익률에 따라 보험금이 변동하고 보험료 납입과 인출이 자유

로운 변액유니버설보험 등 크게 세 가지로 나뉜다.

✳ 변액연금보험(Varible Annuity)

보험계약자가 납입한 보험료 중 일부를 주식과 채권에 투자해 수익이 난 만큼 나중에 연금으로 돌려주는 연금상품이다. 이때 보험사들이 직접 운용하기보다는 자산운용회사에 위탁해 운용하므로 거의 펀드의 성격을 가진다고 볼 수 있는 고수익성 보험상품이다.

✳ 보수

보수는 택시비와 같은 것이다. 우리는 택시를 타고 목적지에 도착했을 때 택시비를 낸다. 마찬가지로 우리를 대신해 돈을 굴려주는 회사에는 그에 상응하는 수수료를 내야 한다. 펀드에 가입한 고객이 지불하는 돈은 크게 보수와 수수료, 세금 등 세 가지로 나뉜다.

보수는 4가지가 있다. 펀드를 운용하는 자산운용사에게 주는 운용보수, 펀드를 판매하는 은행, 증권사 등 금융회사에 주는 판매보수, 고객자산을 안전하게 관리해 주는 은행(수탁회사)에 내는 수탁보수, 펀드 관리 등 사무관리 활동에 필요한 일반보수 등이다. 4가지 중 판매보수가 가장 큰 비중을 차지한다. 4가지 보수를 다 합한 것이 총보수로 국내 주식형 펀드들은 평가금액의 약 2～2.5%를 총보수로 떼어간다.

✽ 사모(Private Placement)

'사모'라는 말은 '공모'와 반대 개념으로 불특정다수를 대상으로 하는 것이 아니라 소수의 특정인을 대상으로 주식이나 채권 등을 매각하는 방식을 말한다.

✽ 사모펀드(PEF : Private Equity Fund)

사모펀드는 비공개적으로 투자자를 모집해서 자산가치가 저평가된 기업을 집중적으로 매수한 다음 기업경영에 참여하여 기업가치를 높인 후 그 기업주식을 되파는 전략을 취하는 펀드를 말한다.

✽ 상장지수펀드(ETF : Exchange Traded Funds)

특정한 주가지수와 연동되는 수익률을 올릴 수 있도록 설계된 인덱스 펀드이다. 증권시장에서 상장된 주식처럼 자유롭게 거래할 수 있는 펀드이다. 펀드에 비해 거래비용이 적고 매매시점의 가격을 바로 확인하고 거래할 수 있다는 장점이 있다.

✽ 선취판매 수수료(Front-end Load)

펀드투자자가 펀드 가입시 투자자금의 일정 비율을 판매회사에 지불하는 1회성 비용이다. 이는 펀드운용 실적과는 무관하며 판매회사의 고정된 수익원이다. 투자자 입장에서는 미리 선취수수료를 지불함으로써 이후 보수가 저렴해지는 효과가 있다. 그러나 이는 장기투자 시에 유리한 방법이고, 단기투자 시에는 이후 인하된 보수료보다 오히려 선취수수료가 더 높은 부담을 안게 된다는 것을 유념해야 한다.

✲ 성장주(gorwth stock)

주식 중에서 미래에 수익을 많이 내줄 것으로 예상되는 주식을 말한다. 가치주와 같이 비교되는 개념인데 성장주는 저평가되어 있는 가치주와 달리 현재의 주가보다는 미래에 성장동력을 가진 업종이나 신기술을 보유한 기업의 주식을 말한다.

✲ 설정액

펀드가 투자자로부터 모은 투자원금의 합계액을 말한다. 그러나 일정기간이 지나면 펀드에서 발생한 수익도 원금에 합산되어 재투자됨으로써 설정액이 늘어나게 된다. 정확하게 다시 얘기하면 투자원금과 투자이익금 중에서 원금으로 전환된 자금의 합계액을 말한다.

✲ 수익증권(beneficiary certificate)

펀드의 이익을 분배받을 수 있는 권리 증서를 말한다. 계약형 펀드에서 발행하는 증서로서 투자자들이 펀드에 가입하면 사실상 수익증권을 매수하는 것이나 마찬가지이다. 과거에는 펀드를 수익증권이라고 부른 연유가 여기에 있다. 이것과 상대적인 개념인 회사형 펀드는 수익증권이 아닌 주식을 발행하는 것이다.

✳ 수탁고

자산운용회사나 투자신탁운용회사가 판매한 펀드에 들어 있는 설정액을 합한 수조 원의 금액을 말한다. 펀드의 총 투자규모를 말하는 것으로 수탁고의 변동을 보면 펀드의 최근 인기도나 추이가 나타남으로써 펀드에 대한 관심을 간접적으로 확인할 수 있는 지표가 된다.

✳ 수탁회사

투자신탁에서 고객을 보호하기 위한 제도적 장치 중 하나로 신탁재산을 보관, 관리하는 회사를 따로 두는데 이를 수탁회사라고 부른다. 일반적으로 은행이 수탁회사의 역할을 담당한다. 수탁회사는 펀드의 자산을 엄격하게 보관하고 약관에 의해 자금이 유입되거나 유출될 수 있도록 감시하는 역할을 수행한다. 회사형 펀드에서는 수탁회사를 자산보관회사라 한다.

✳ 스타일 펀드(Style fund)

스타일 펀드는 유사한 특성을 가진 종목군이나 업종에 집중하여 투자하는 펀드를 말한다.

✱ 스타트 업 펀드(Star Up Fund)

스타트 업 펀드는 창업 초기단계의 벤처기업 지분을 소유하는 형태로 투자 및 자금을 운용하는 전문투자펀드를 일컫는다. 이 펀드는 주로 벤처기업의 창업을 돕기 위해 조성된 기금으로 창업투자조합 또는 창업투자펀드라고도 한다.

중소기업 창업 및 진흥기금 등을 주요 재원으로 한다. '스타트 업 펀드'는 창업 초기단계의 벤처기업에 투자하는 것이어서 비교적 큰 위험을 감수해야 하지만 지원받은 기업이 기술개발 또는 사업경영에 성공할 경우 큰 수익을 얻을 수 있다.

✱ 스팟 펀드(Spot Fund)

주식시장에서 인기주로 부상할 가능성이 있는 특정 테마군의 주식들을 소규모로 묶어 단기간에 고수익을 올릴 수 있도록 고안된 주식형 수익증권을 말한다.

✱ 신탁보수(trust fee)

펀드의 운용과 관리에 소요되는 모든 비용을 말한다. 주로 운용보수와 판매보수, 수탁보수를 합친 액수를 의미하며, 펀드의 순자산가치에 기준해 지급하게 된다.

❋ 신탁원본(trust principal)

계약형 펀드의 최초 설정시 구성되는 재산총액을 말한다. 위탁회사
는 설정하고자 하는 신탁원본을 현금 또는 유가증권으로 수탁회사
에 납입하고 수익증권을 발행하며, 보통 신탁원본액 1원에 대해 수
익증권을 1좌(座)로 표시한다.

❋ 신탁재산(trusted assets)

계약형 펀드에서 수익자가 일정한 목적으로 위탁회사에 권리를 위
탁한 재산을 말한다.

❋ 신탁재산 운용보고서

매분기, 펀드결산, 신탁기간 종료 또는 신탁계약의 해지가 있을 때
자산운용회사가 작성하여 고객에게 통보하는 펀드의 운용결과를
나타낸 보고서이다. 매분기마다 투자자에게 가장 필요하고 정확한
운용내용이 담기게 되므로 투자자에게는 반드시 확인하고 지속적
으로 운용을 맡길 것인지, 교체매매를 할 것인지 등을 판단할 수 있
는 지침 서류이다.

그 내용에는 자산, 부채, 신탁원본, 기준가격, 운용기간 중 손익상황,
주식, 채권 등 자산평가액, 신탁재산총액, 기준일 현재 신탁재산에
속하는 주식의 업종, 주식 수, 주식평가액, 운용기간 중 매매한 주식

의 총수와 매매금액 등이 들어 있다.

✳ 양도성 예금증서(CD : Certificte Of Deposit)

CD는 은행이 직접 팔거나 증권회사를 통해 유통 거래되는 단기금융상품이다. 이전에는 종금사를 통해서도 매각이 되었지만, 현재는 일부 종금사를 제외하면 은행과 증권회사를 통해서 대부분이 거래되고 있다.

✳ 어음(Bill)

기업의 단기자금 조달을 쉽게 하기 위해 도입된 증권으로 만기일에 어음종이에 적힌 금액을 지급하겠다는 약속 징표이다.

✳ 엄브렐러 펀드(Umbrella Fund)

엄브렐러 펀드는 전환형 펀드의 일종으로 우산살처럼 하나의 펀드 아래 성격이 서로 다른 여러 개의 하위펀드(sub-fund : 子펀드)가 구성되어 있다는 뜻에서 이런 이름이 붙었다.

✳ 역외펀드(off - shore fund)

본국의 세제, 또는 운용상의 제반 규제를 피하기 위하여 조세, 금융, 행정 면에서의 특전을 향유할 수 있는 타국에 등기상 본거지를 두고 국제적으로 판매하는 투자신탁을 말한다. 최근에는 세율이 높은 국가의 거주자가 투자목적을 위하여 세율이 낮은 조세피난지(tax haven)에서 운용하는 자금을 총칭한다.

이러한 자금은 사유재산에 대한 정치적 간섭이나 조세압력을 피하기 위한 재산도피 또는 세율이 낮은 조세피난지로의 기업이동 등의 요인에 의해서 발생되는데 자본의 무국적화 또는 다국적화 현상이 전형적인 현상이다.

✽ 외화예금

외화예금이란 외화로 예금하고 외화로 인출하는 예금으로 원화예금의 경우와 마찬가지로 외국환은행의 가장 안정적인 자금조달 형태의 하나이다. 외화예금의 종류에는 보통예금, MMDA, 당좌예금, 통지예금, 정기예금 등이 있으며 예금 주체별로는 은행계정, 외화예금증서계정, 대외계정, 거주자계정, 해외이주자계정 등으로 나눌 수 있다.

✽ 운용보수

펀드가 자산운용회사에 지급하는 비용을 말한다. 자산운용회사는 펀드매니저를 고용해 펀드 내에 있는 투자자금을 운용함으로써 이 비용을 받게 된다.

❋ 원금보존 추구형

펀드의 투자기간 종료시 투자원금 또는 원본을 지킬 수 있도록 보수적으로 운용하는 상품을 말한다. 펀드자산의 대부분을 채권과 같이 안전한 곳에 투자해 만기시 원금을 확보하며, 이자수익금으로 주식, 선물, 옵션, 금, 석유, 부동산과 같이 위험성 자산에 투자하는 상품이다. 투자자 중에서 원금보장을 꼭 원하는 보수적 투자자에게 적당한 상품이다. 위험자산의 가격변화에 따라 수익률이 결정된다.

❋ 위탁회사

계약형 펀드에서 신탁재산에 속하는 유가증권의 취득, 매각 및 권리의 행사 등 투자신탁재산의 운용에 관한 일체의 사항에 대해 결정하고 수탁회사에 이를 집행하도록 지시 내리는 업무를 하는 회사를 말한다. 회사형 펀드에서는 이를 자산운용회사라 한다.

❋ 윈도 드레싱(Window Dressing)

기관들이 분기말이나 연말에 보유주식 평가액을 높이기 위해 평가가 이뤄지는 날짜에 맞춰 해당 종목의 주가를 인위적으로 상승시키는 투자 활동을 의미한다. 일반적으로 편입된 종목을 추가로 사들여 주가를 부양하는 형태가 많다.

✳ 이머징 마켓(Emerging Market)

이머징 마켓은 떠오르는 시장, 주로 BRICs(브라질, 러시아, 인도, 차이나) 같은 신흥개발국을 말한다.

✳ 인덱스 펀드(Index Fund)

단순하게 종합주가지수나 채권지수를 추적하도록 설계되어 운용하는 펀드이다. 증권시장 내에 여러 종목을 골고루 구입해 장기간 보유하는 보수 안정적인 펀드이다. 인덱스 자산운용의 핵심은 최소의 인원과 비용으로 투자위험을 효율적으로 감소시키기 위해서는 가능한 한 적은 종목으로 시장지수 움직임과 근접하게 추적할 수 있는 포트폴리오를 구성하는 것이 인덱스 펀드 자산운용의 핵심이다.

✳ 일반사무 수탁회사

회사형 펀드에서 주식발행의 명의개서에 관한 사무, 주식의 발행에 관한 사무, 계산에 관한 사무, 법령 또는 정관에 의한 통지 및 공고, 이사회 또는 주주총회의 소집 및 운영에 관한 사무, 기타 증권투자회사로부터 위임받은 업무 등을 행하는 회사를 말한다. 최근 들어서는 계약형 펀드에서도 활용되며 주로 기준가격의 산출업무를 대행하고 있다.

✱ 자산보관회사

계약형 펀드에서 신탁재산을 보관하는 수탁회사를 회사형 펀드에서는 자산보관회사라고 부른다.

✱ 자산운용회사

펀드의 자산운용을 담당하는 회사를 말하며, 계약형 펀드에서는 위탁회사라고도 부른다. 펀드운용을 전담하는 회사로 펀드매니저를 고용하여 그 일을 담당하게 한다. 투자신탁운용회사, 투신사, 투신운용사라는 다양한 별칭으로 불리기도 한다.

✱ 자유적립식

정액적립식과 상대되는 투자방식이다. 적립식으로 펀드에 투자하는 방법으로서, 투자기간만 정하고 투자금액과 납입횟수의 제한없이 적립하는 방식을 말한다. 투자자들은 본인이 원하는 날짜에 원하는 금액으로 자유롭게 적립식으로 투자한다. 주식펀드와 채권펀드는 투자자들이 원하는 방식으로 자유롭게 적립식으로 투자할 수 있으므로 별도의 계약은 필요하지 않다.

✱ 잔고좌수

펀드에 투자해서 매입한 펀드의 총좌수를 말한다. 잔고좌수에 현재의 기준가를 곱하면 투자자금에 대한 평가액을 산출할 수 있다.

✳ 적립식 펀드

목돈을 들여 투자하는 거치식과 달리 소액으로 정한 기간 동안 투자해 나가는 투자방식을 말한다. 자유적립식과 정액적립식으로 구분한다. 적립식으로 펀드에 투자하면 일정한 금액을 일정한 기간(주, 격주, 월, 분기)별로 규칙적으로 투자함으로써 평균매입단가를 하락시키는 효과가 생긴다. 안정적인 투자수익률을 원하는 투자자들에게 적당한 투자방식이다.

✳ 정보비율(Information Ratio)

정보비율은 펀드와 벤치마크 간의 차이를 위험 척도로 삼아서 펀드의 수익률을 평가하는 방법이다. 1990년대 이후 펀드평가에 사용하는 척도로서, 펀드의 수익률과 벤치마크 수익률의 차이를 분자로 하고, 이 두 가지 수익률의 차이가 얼마나 변동하였는지는 표준편차를 분모로 해서 계산한다.

✳ 정액적립식

매달 일정한 날 일정한 금액을 펀드에 투자하는 투자방법으로 보통 금융기관에 개설한 계좌에서 이체하는 방식을 택해 투자한다. 강제

사항이 아니므로 금액 변동이나 일시 납부를 못하는 경우가 생기더라도 원하면 계약사항을 변동할 수 있다.

✻ 재구매 어음[환매조건부채권]

재구매 어음이란 시중의 금융기관에서 RP, 즉 환매조건부 채권이라고 칭하고 있다. 환매조건부 채권거래는 글자 그대로 환매 즉, 되사거나 또는 되파는 것을 조건으로 해서 채권을 거래한다는 뜻이다. 환매조건부 거래를 뜻하는 Repurchase Agreement를 줄여 흔히 RP거래라고 부르기도 하고 환매채 거래라고도 한다. 파는 경우를 보면 채권을 팔되 약속된 기간이 지난 후에 이자를 보태서 같은 채권을 되사는 조건으로 파는 거래이고, 사는 경우는 그 반대가 된다.

따라서 환매조건부 채권이라는 이름의 별도의 어떤 채권이 존재하는 것이 아니라 기존의 채권 가운데 가령 부도 위험이 없는 국공채 같은 것을 대상으로 해서 이러한 조건부 단기거래가 이루어지는 것이다. 따라서 RP거래 즉, 환매조건부 채권거래는 형식상으로는 채권의 매매이지만 실질적으로는 금융기관들끼리의 단기자금거래인 콜거래와 비슷한 단기자금거래이다.

✻ 전환사채(CB : Convertible Bond)

사채와 주식의 중간적 형태의 유가증권으로 흔히 CB라고 부른다.

사채권자가 일정기간 내에 미리 정해진 조건에 따라 주식으로 전환할 수도 있는 권리가 부여된 회사채이다.

✳ 좌(座, Share)

펀드의 개수, 수익증권의 매매단위로서 수익증권이 최초 설정될 때 1좌당 1원으로 시작하지만 이후 운용 성과에 따라 자산가치가 변동함으로써 1좌당 기준가는 늘 변동하게 된다.

✳ 주가수익비율(PER : Price Earning Ratio)

주식의 저평가 여부를 판단하는 척도로서, 주가를 주당순이익으로 나누어 계산한다.

✳ 주가장부가치비율(PBR : Price Book- Value Ratio)

주식의 저평가 여부를 판단하는 척도로서, 주가를 주당순자산으로 나누어 계산한다. PBR이 1 이상인 종목은 자산가치에 비해 주가가 높고 1 미만인 종목은 자산가치에 비해 주가가 낮게 평가되어 있다는 것을 의미한다.

✳ 주가지수연계 채권(ELS : Equity-Linked Securities)

주가지수연계 채권이란 증권사들이 발매하는 신종 채권으로, 원금보존에다 주식이나 주가지수의 가격움직임에 수익률이 연계되어 상승하도록 되어 있는 채권을 말한다.

✳ 주당순이익(EPS : Earning Per Share)

당기순이익을 주식 총수로 나눈 값이다. 주당순이익이 높다는 것은 그만큼 경영성과가 좋다는 것을 의미한다. 특히 규모가 다른 기업끼리 비교할 때 유용한 평가지표이다.

✳ 준실물 펀드

간접투법상의 실물펀드는 아니지만 그 경제적 효과가 실물자산에 직접 투자한 것과 동일하거나 또는 유사한 효과를 가져오는 펀드를 말한다. 즉 펀드에서의 투자대상으로 볼 때는 증권 펀드(채권형 펀드, 혼합형 펀드, 주식형 펀드) 파생상품 펀드에 해당하지만, 펀드의 손익이 실물자산의 투자수익과 직간접적으로 연계되어 있으면 준실물자산에 해당한다고 볼 수 있다.

✳ 채권시가평가

채권의시가평가란 채권의 가치를 매일매일 시장에서 형성되는 채권의 유동수익률을 반영해 변화시키는 평가방법을 말한다. 즉 채권도 주식처럼 매일 시장의 상황에 따라 가치가 변하는 것을 의미한다.

우리나라는 1999년 IMF 이전에는 장부가평가방식을 취하고 있었는데 펀드의 실제 자산가치를 평가하지 못한 문제점으로 큰 혼란을 겪었고, 이후 투자신탁회사들의 부도로 이어지는 결과까지 이르게 되었다.

✽ 추가형 투자신탁

투자자들이 언제든지 펀드에 추가로 투자금을 불입할 수 있는 펀드를 말한다. 적립식 펀드의 경우 반드시 추가형 펀드라야 가능하다. 일반적으로 한국의 주식, 채권펀드는 추가형이라 보면 된다.

✽ 콜론(Call Loan)

금융기관끼리 초단기로 거래하는 자금을 말한다. 펀드에서도 투자하고 남은 현금을 초단기로 투자하는 경우에 사용한다.

✽ 투자신탁(investment trust)

계약형으로 만든 펀드를 투자신탁이라 한다. 여기에 상대적인 개념으로 회사형으로 만들어진 펀드는 회사형(뮤추얼 펀드)이라 한다. 투자신탁과 투자회사를 아울러 펀드라고 하는데, 법률용어로는 간접투자기구라고 한다.

✱ 투자신탁 계약기간

계약형 펀드가 존속하는 기간을 말한다. 단위형의 경우는 만기일이 있어 투자신탁 계약기간이 일정하게 정해지지만, 추가형의 경우에는 별도로 만기일이 없기 때문에 수십년간 지속할 수 있다. 대부분의 추가형 펀드는 펀드의 만기(계약기간)가 따로 정해져 있지 않다.

✱ 특별자산 펀드

특별자산 펀드란 2004년 간접투자자산 운용업법 시행에 따라 도입된 상품으로 유가증권이나 파생상품, 부동산 외에 사업권 대출채권 등에 투자하는 펀드를 말한다. 드라마 펀드, 대학 기숙사 펀드, 동물원, 폐기물매립장 건설, 선박 건조 등이 여기에 해당하며, 투자대상이 끝나기 전에는 투자금 회수가 어렵기 때문에 대부분 투자금 추가 납입 및 중도환매가 안 되는 단위형, 폐쇄형 사모펀드로 판매되고 있다.

✱ 파생상품 펀드

펀드자산의 10% 이상을 위험회피 외의 목적으로 장내 파생상품 또는 장외 파생상품에 투자하는 펀드를 말한다.

❋ 판매보수(sales change or load)

투자자가 수익증권 또는 뮤추얼펀드의 주식을 매입할 때 판매회사에 지불하는 수수료를 말한다. 우리나라는 외국과 달리 펀드를 판매할 때 판매회사가 수수료를 받지 않고 운용보수나 수탁보수와 함께 일괄해서 펀드에서 공제한 후 받는 판매보수방식을 채택하고 있다.

❋ 판매회사

펀드의 판매를 담당하는 회사로서 은행, 증권회사, 보험회사 등의 금융기관을 말한다. 노로드 펀드의 경우 자산운용회사가 직접 펀드를 판매하므로 판매회사를 겸영하는 경우도 있다.

❋ 펀드 수수료

펀드 수수료는 환매수수료와 선취판매수수료 두 가지로 나뉜다. 일반적으로 펀드는 90일 전에 환매하면 이익금의 70%에 해당되는 금액을 환매수수료로 뗀다. 모든 펀드는 스타일과 유형별 투자전략에 따라 주식, 채권 등에 자산을 분산해 장기 투자한다. 환매가 수시로 발생하면 자산운용사들이 당초 목표로 한 투자수익을 달성하기 힘들어진다. 따라서 환매수수료는 일정기간에 고객들이 환매하지 못하도록 하는 일종의 벌칙성(페널티) 수수료인 셈이다.

✽ 펀드오브펀드(Fund of Funds)

'펀드 오브 펀드(모태 펀드)'란 고객들이 한 펀드에 투자한 자금을 다시 다양한 펀드에 재투자해 위험을 분산하고 투자기회를 극대화한 펀드 상품이다.

✽ 펀드의 결산

주식회사가 정해진 기간(보통 1년)에 결산을 하듯이 펀드 내 보유재산을 결산해 이익분배금 및 상환금, 신탁보수 등을 확정한 다음, 이익분배금이나 상환금은 수익자에게 지급하거나 재투자하고, 신탁보수는 펀드에서 인출하여 위탁자(자산운용사)와 수탁자(은행)에게 지급한다.

✽ 평가금액

펀드의 평가금액은 '잔고좌수×펀드기준가'로 나타낸다.

✽ 편입비율

투자신탁의 펀드를 운용함에 있어서 주식, 채권 등의 유가증권과 콜론 등에 대한 자산구성비율을 말한다. 이 비율을 살펴봄으로써 신탁재산의 운용 상태나 운용 성격 등을 가늠해 볼 수 있다.

✳ 폐쇄형 펀드(closed-end fund)

계약한 신탁기간 중에 환매를 청구할 수 없는 펀드를 말한다. 펀드는 속성상 중장기 투자상품이므로 펀드매니저가 일정기간 동안 약관에 정한 운용원칙에 따라 환매 부담없이 운용하고, 환매준비금을 유지할 필요가 없어 높은 수익률을 기대할 수 있다.

그러나 투자자의 입장에서 보면 필요시에 환금성이 제약된다. 이런 경우를 대비하여 증권거래소나 코스닥 시장에 상장시켜 거래할 수 있도록 해주고 있다. 이런 점에 비추어 폐쇄형 펀드를 상장형 펀드라고 부르기도 한다.

✳ 포트폴리오

주식이나 펀드에 투자할 때 대상물이 가지고 있는 변동성을 줄여 안정적인 투자를 꾀할 목적으로 분산해서 투자한다. 이런 분산투자의 집합체를 포트폴리오라고 한다.

✳ 포트폴리오 회전율

펀드 포트폴리오의 거래횟수를 말한다. 얼마나 자주 사고 팔았나 하는 측정지표이다.

✳ 표준편차(standard deviation)

펀드수익률이 평균에서 어느 정도 떨어져 있는가 하는 정도를 말한다. 펀드의 수익률을 평가할 때 위험 대비 성과를 측정하는 대표적인 방법 중 하나이다. 예를 들어 다른 조건이 동일한 상태에서 동일한 수익률을 올린 두 개의 펀드 중에서 표준편차가 낮은 펀드가 수익률 구조가 우수하고 위험도도 낮다고 평가할 수 있다.

✳ 하이일드 펀드(High-Yield Fund)

수익률은 매우 높은 반면 신용도가 취약해 정크본드(junk bond)라고 불리는 고수익 고위험채권에 투자하는 펀드를 말하며, 그레이 펀드 또는 투기채 펀드로도 불린다. 만기까지 중도 환매가 불가능한 폐쇄형이어서 겉으로는 뮤추얼 펀드와 비슷하고 증권거래소에 상장되는 것도 마찬가지다.

하이일드 펀드는 자산의 50% 이상을 신용등급이 BB+ 이하인 투기등급채권과 B+ 이하의 기업어음에 투자하고, 채권의 신용등급이 투자부적격(BB+ 이하)인 채권을 주로 편입해 운용하는 펀드이므로 발행자의 채무불이행 위험이 정상 채권에 비해 상당히 높다. 따라서 투자를 잘하면 고수익이 보장되지만 반대의 경우 원금을 날릴 수도 있다.

✸ 해외펀드

국내 투자자를 대상으로 펀드를 판매해 조성한 자금으로 해외증권 시장에 상장된 유가증권에 투자, 운용하는 펀드를 말한다.

✸ 헤지펀드(Hedge Fund)

헤지펀드의 헤지는 각종 규제와 세금으로부터의 도망을 뜻한다. 헤지펀드란 이같이 정부의 규제와 세금회피를 위해 소수의 투자자로부터 돈을 모으고, 사무실도 세금이 없는 나라에 차려서 운용하는 투기자금이 많은데 거액투자자를 위한 '사모투자 펀드'를 말한다. 다양한 증권과 파생상품, 비상장주식, 부동산 등에 자유롭게 투자해 고수익을 지향하는 특성을 가지고 있다. 변동성이 크고 대규모 투자금을 요구하므로 일반 개인투자가 투자하기에는 적합하지 않다.

✸ 확정급여형(DB) 기업연금

종업원들이 퇴직 후 수령하게 될 연금급부액이 일정액으로 정해져 있는 기업연금제도를 말한다.

✸ 확정기여형(DC) 기업연금

기업주의 연금각출액이 정해져 있지만 퇴직시 받을 일시금 또는 연금액수가 미리 정해져 있지 않은 기업연금제도를 말한다.

✺ 환매(redemption)

투자자가 펀드에 투자한 투자금을 돌려받는 것을 말한다. 개방형 펀드의 경우 언제나 환매가 가능하며, 폐쇄형 펀드는 만기까지 환매가 불가능하다.

✺ 환매수수료

펀드에서 정한 최소의 투자기간(보통 3개월) 이내에 펀드를 환매할 때 투자자가 지불하는 벌금을 말한다. 펀드의 기본 취지인 장기투자를 유도하고 초단기 투자를 억제함으로써 펀드매니저가 펀드의 안정적 운용을 하도록 하고, 환매에 따른 사무처리 비용에 충당하기 위해 청구하는 일종의 중도해지에 따른 위약금(penalty) 또는 수수료(fee)의 성격이다. 부과한 환매수수료는 펀드에 편입시켜 남아 있는 가입자의 몫으로 한다.

✺ 후취 판매수수료

투자자가 펀드를 환매할 때 환매청구 금액의 일정비율을 판매수수료로 지불하는 방식이다. 장기투자자에게 유리하도록 설계된 경우가 많은데 투자기간별로 수수료율을 차등 부과하는 방식을 많이 취한다.

✽ 회사채 펀드

회사채 펀드는 상대적으로 금리가 높은 회사채를 편입함으로써 국공채에 비해 높은 수익을 추구하는 채권형 펀드이다. 국공채 펀드와는 달리 편입채권의 신용등급이 낮아 부도 가능성이 있고, 기업의 영업환경 악화시 신용등급 하락 가능성이 있기 때문에, 어느 정도 위험을 감수하면서 은행예금이나 국공채보다 높은 수익을 얻고자 하는 투자자에게 적합한 펀드이다.

✽ CMA(Cash Management Account)

증권사 CMA는 MMF로 운용되는 경우와 확정금리 RP(환매조건부채권)로 운용되는 형태가 있다. RP로 운용되는 경우 종금사 CMA보다 금리가 더 높은 것이 장점이다. 증권사와 종금사 둘 다 CMA 카드를 통해 은행 현금카드처럼 자동인출기에서 출금할 수 있는 편리함을 갖췄다.

또 급여이체, 공과금 자동납부, 결제기능이 있고 증권사의 경우 주식청약 자격과 포인트 적립, 수익증권 매입기능, 주식·채권 매입기능 등이 포함돼 있다. 일부 증권사는 CMA에 있는 자금으로 온라인을 통해 펀드 매매도 가능하도록 해놓고 했다.

✽ ELS(주가연계증권 : Equity Linked Security)

개별 주식의 가격이나 주가지수에 연계되어 투자수익이 결정되는 유가증권을 말한다. 즉 자산을 우량채권에 투자하여 원금을 보존하고 일부를 주가지수옵션 등 파생금융상품에 투자해 수익을 노리는 금융상품이다.

국내에서는 장외 파생금융상품업 겸영 인가를 받은 증권회사만 발행할 수 있다.

✽ ELW(주식워런트증권 : Equity Linked Warrant)

개별 주식의 가격이나 주가지수와 연계해 미리 매매시점과 가격을 정한 뒤 약정된 방법에 따라 해당 주식 또는 주가지수를 사고팔 수 있는 권리가 주어진 증권을 말한다. 다시 말해 특정 종목의 주가 상승이 예상될 경우 해당 종목의 주식을 직접 매입하지 않더라도 일부 자금만 투자해 주식으로 바꿀 수 있는 권리를 산 뒤 예상대로 주가가 오르면 차익을 올릴 수 있다.

✽ MMF(Money Market Fund)

미국의 메릴린치 증권에서 개발하여 선풍적인 인기와 함께 전 세계 금융업계로 확산시킨 바 있는 금융상품이다. 고객의 자금을 모아 전문 운용기관인 투신운용사가 콜론(Call Loan), CP(기업어음), CD(양

도성 예금증서)와 같은 기존의 단기상품에 집중 투자한 다음, 운용성
과로서 생긴 이익을 고객에게 돌려주는, 말하자면 초단기 채권형 펀
드라고 할 수 있다.

자산운용사와 투자자문사 홈페이지

✳ 자산운용사

골드만삭스자산운용 _www.goldman-sachs.co.kr

골든브릿지자산운용 _www.gbam.co.kr

교보투신운용 _ www.kyoboitm.co.kr

기은SG자산운용 _ http://ibksgam.co.kr

다올부동산자산운용 _www.daolfund.com

대신투신운용 _www.ditm.co.kr

도이치투신운용 _www.deam-korea.com

동부자산운용 _www.dongbuitm.co.kr

동양투신운용 _www.tongyangfund.com

랜드마크투신운용 _www.lmtrust.com

마이다스에셋자산운용 _www.midasasset.co.kr

마이애셋자산운용 _www.mai.co.kr

맥쿼리신한인프라 _ www.macquarie.com/kr/kr/mkif

미래에셋맵스자산운용 _http://mapsim.miraeasset.co.kr

미래에셋자산운용 _http://fund.miraeasset.co.kr

블리스자산운용 _ www.goodnrich.co.kr

산은자산운용 _www.kdbasset.co.kr

삼성투신운용 _www.samsungfund.com

서울자산운용 _www.hitmc.co.kr

슈로더투신운용 _www.schroders.co.kr

신영투신운용 _ www.syfund.co.kr

신한BNP파리바투신 _www.shinvest.co.kr

아이엔지자산운용 _www.ingim.co.kr

아이투신운용 _ www.iinvest21.com

알리안츠글로벌인베스터스 _www.allianzglobalinvestors.co.kr

알파에셋자산 _www.alphaasset.com

우리CS자산운용 _ www.wooriam.com
유리자산운용 _ www.yurieasset.co.kr
제이피모간자산운용 _ www.jpmorganam.co.kr/
칸서스자산운용 _ www.consus.co.kr
푸르덴셜자산운용 _ www.prudentialfund.com
프랭클린템플턴투신 _ www.franklintempleton.co.kr
플러스자산운용 _ www.plusasset.com
피닉스자산운용 _ www.passet.co.kr
피델리티자산운용 _ www.fidelity.co.kr
하나UBS자산운용 _ www.dimco.co.kr
한국밸류자산운용 _ www.koreavalueasset.com
한국인프라자산운용 _ www.kinfra.co.kr
한국투신운용 _ www.kitmc.com
한화투신운용 _ www.koreatrust.co.kr
현대와이즈자산운용 _ www.wiseasset.co.kr
흥국투신운용 _ www.hkfund.co.kr
CJ자산운용 _ www.cjfund.com
KB자산운용 _ www.kbam.co.kr
KTB자산운용 _ www.i-ktb.com
NH-CA자산운용 _ www.nh-ca.com
PCA투신운용 _ www.pcaasset.co.kr
SEI에셋코리아자산 _ www.seiak.co.kr
SH자산운용 _ www.chbi.co.kr

✳ 투자자문사

가울 투자자문 _ www.gaulasset.com
가치투자자문 _ www.valueadvisors.co.kr
나눔투자자문 _ www.nanumasset.com

내외에셋투자자문_www.naewayasset.co.kr

델타투자자문_ www.deltafn.com

로드투자자문_www.lordasset.com

보람투자자문_www.boramtuja.co.kr

보아스 투자자문_ www.boazasset.co.kr

서스틴베스트_ www.sustinvest.com

스카이투자자문_www.skyib.com

시카고투자자문_www.chicagofi.com/index.php

신아투자자문_ www.shinahfn.co.kr

알투코리아부동산투자자문_www.r2korea.co.kr

에셋플러스 투자자문_ www.assetplus.co.kr

엠제이컨설팅_www.mjcon.com

오크우드 투자자문_www.oakwoodfg.com

유리스투자자문_www.urisib.com

유틱_www.utic.co.kr

제네시스투자자문_www.geneasset.com

코리아오메가투자자문_www.koreaomega.co.kr

코스모투자자문_www.cosmoasset.com

크레스투자자문_www.cresinvest.com

템피스투자자문_www.tempis.co.kr

토러스투자자문_www.timco.co.kr

튜브투자자문_www.tubeasset.com

피데스 투자자문_www.fides.co.kr

한셋투자자문 _www.hansset.com

현대해상투자자문_www.hdasset.co.kr

AXA로젠버그_www.axarosenberg.com

TSI투자자문_ www.tsiasset.co.kr

VIP투자자문_www.viptooza.com

중앙경제평론사
중앙생활사

Joongang Economy Publishing Co./Joongang Life Publishing Co.

중앙경제평론사는 앞서가는 오늘, 보다 나은 내일이라는 신념 아래 설립된 경제·경영 전문 출판사로서
성공을 꿈꾸는 직장인, 경영인에게 전문지식과 자기계발의 지혜를 주는 책을 발간하고 있습니다.

투자자가 꼭 알아야 할 배부른 펀드 재테크

초판 1쇄 인쇄 | 2008년 1월 13일
초판 1쇄 발행 | 2008년 1월 17일

지은이 | 조충현 (Choonghyun Cho)
펴낸이 | 최점옥 (Jeomog Choi)
펴낸곳 | 중앙경제평론사 (Joongang Economy Publishing Co.)

대　표 | 김용주
편　집 | 한옥수·최진호
기　획 | 박기현
디자인 | 박성현·천지연
마케팅 | 이승기·강동근
인터넷 | 김회승

출력 | 국제피알　종이 | 한림피앤피　인쇄·제본 | 태성문화사

잘못된 책은 바꾸어 드립니다.
가격은 표지 뒷면에 있습니다.

ISBN 978-89-6054-031-6(03320)

등록 | 1991년 4월 10일 제2-1153호
주소 | ㈜100-789 서울시 중구 왕십리길 160(신당5동 171) 도로교통안전관리공단 신관 4층
전화 | (02)2253-4463(代) 팩스 | (02)2253-7988
홈페이지 | www.japub.co.kr　이메일 | japub@naver.com | japub21@empal.com
♣ 중앙경제평론사는 중앙생활사와 자매회사입니다.

▶홈페이지에서 구입하시면 많은 혜택이 있습니다

※ 이 도서의 **국립중앙도서관** 출판시도서목록(CIP)은 e-CIP 홈페이지(www.nl.go.kr/cip.php)에서
이용하실 수 있습니다.(CIP제어번호: CIP2007003700)